essentials

essentials liefern aktuelles Wissen in konzentrierter Form. Die Essenz dessen, worauf es als „State-of-the-Art" in der gegenwärtigen Fachdiskussion oder in der Praxis ankommt. *essentials* informieren schnell, unkompliziert und verständlich

- als Einführung in ein aktuelles Thema aus Ihrem Fachgebiet
- als Einstieg in ein für Sie noch unbekanntes Themenfeld
- als Einblick, um zum Thema mitreden zu können

Die Bücher in elektronischer und gedruckter Form bringen das Fachwissen von Springerautor*innen kompakt zur Darstellung. Sie sind besonders für die Nutzung als eBook auf Tablet-PCs, eBook-Readern und Smartphones geeignet. *essentials* sind Wissensbausteine aus den Wirtschafts-, Sozial- und Geisteswissenschaften, aus Technik und Naturwissenschaften sowie aus Medizin, Psychologie und Gesundheitsberufen. Von renommierten Autor*innen aller Springer-Verlagsmarken.

Christoph Blank

Das Kommunikationskonzept

Einführung in die Entwicklung von Kommunikationskonzepten – In zehn Schritten zum Erfolg

Christoph Blank
Düsseldorf, Deutschland

ISSN 2197-6708 ISSN 2197-6716 (electronic)
essentials
ISBN 978-3-658-39385-4 ISBN 978-3-658-39386-1 (eBook)
https://doi.org/10.1007/978-3-658-39386-1

Die Deutsche Nationalbibliothek verzeichnet diese Publikation in der Deutschen Nationalbibliografie; detaillierte bibliografische Daten sind im Internet über http://dnb.d-nb.de abrufbar.

Planung/Lektorat: Imke Sander
Springer Gabler ist ein Imprint der eingetragenen Gesellschaft Springer Fachmedien Wiesbaden GmbH und ist ein Teil von Springer Nature.
Die Anschrift der Gesellschaft ist: Abraham-Lincoln-Str. 46, 65189 Wiesbaden, Germany

Was Sie in diesem *essential* finden können

- Grundlagen und Begriffe des Marketings und der Kommunikationspolitik
- Zehn Schritte zum Erfolg: Prozess und Phasen eines Kommunikationskonzepts
- Handlungsanweisungen zur eigenständigen Konzeptentwicklung
- Literaturempfehlungen und Tools zur Wissensvertiefung

Vorwort

Die Entwicklung von Kommunikationskonzepten ist weder Hexenwerk noch nur etwas für kreative Köpfe. Der Prozess ist weitgehend standardisiert und folgt einer festen Struktur. Das nachfolgend vorgestellte Konstrukt zur Entwicklung von Kommunikationskonzepten folgt dem Neun-Phasen-Konzeptionsmodell von Schmidbauer und Knödler-Bunte (2004). Ihr Kommunikationskonzept enthält einen analytischen, einen strategischen und einen operativen Teil. Jeder dieser Bereiche beinhaltet drei Phasen. Aufgrund jahrelanger Erfahrungen in Praxis und Lehre hat sich dieses Konzeptionsmodell für mich mehr als bewährt.

Nach diesem Neun-Phasen-Modell ist das Essential inhaltlich strukturiert. Es fasst in zehn Schritten einzelne Bereiche fragmentarisch und komprimiert zusammen, ergänzt verschiedene Phasen, zieht Vergleiche und gibt Denkanstöße für die praktische Umsetzung.

Das Essential bietet komprimiertes Wissen und dient neben klassischen Lehr-, Fach- und Handbüchern als Nebenbei-Lektüre, die einen schnellen Zugang zu einem konkreten Thema ermöglicht. Hinweise zu weiterführender Literatur und nützlichen Tools bieten die Möglichkeit der Wissensvertiefung.

Das Essential ist für den praktischen Gebrauch geschrieben. Es richtet sich an alle, die Interesse und Bedarf an der Erarbeitung von Kommunikationskonzepten haben, diese entwickeln, bewerten und umsetzen möchten. Das Essential stellt die Grundlagen dar und ist ein Wegweiser zu einem praxistauglichen Konzept. Theoretisches oder praktisches Vorwissen ist nicht erforderlich.

Mein Anspruch an den Inhalt ist eine Schritt-für-Schritt-Anleitung zur Entwicklung von Kommunikationskonzepten. Nach dem Lesen ist jeder Leser in der Lage, ein Konzept zu entwickeln und zu beurteilen. Das ist mein Versprechen

an Sie. Das Essential dient zudem als begleitende Lektüre zu meinen Lehrveranstaltungen, Seminaren und Workshops, die nicht selten dem Aufbau des
Konzeptionsmodells inhaltlich folgen.

Düsseldorf   Dr. Christoph Blank
2022

Inhaltsverzeichnis

Über den Autor

Christoph Blank promovierter Kommunikations- und Medienwissenschaftler, selbstständiger Marketing- und Kommunikationsberater und freiberuflicher Dozent. Er hat über 15 Jahre praktische Erfahrung in der integrativen Kommunikation und verantwortet eine Vielzahl von Markenidentitäten und Kommunikationsprojekten. Als Dozent ist er seit über 10 Jahren in Lehrveranstaltungen, Seminaren und Workshops engagiert. Er lehrt an der Heinrich-Heine-Universität Düsseldorf und der Rheinischen Fachhochschule Köln. Neben seiner Lehrtätigkeit an Hochschulen vermittelt er sein Wissen in Seminaren für das Institut für Medien, Kommunikation, Informationstechnik und Sprache IMKIS, u. a. bei der Bundesakademie für öffentliche Verwaltung im Bundesministerium des Innern, für Bau und Heimat BAköV.
www.christophblank.com

Schmidbauer und Knödler-Bunte (2004, S. 35 ff.) gliedern ein Kommunikationskonzept in drei Teile: einen analytischen, einen strategischen und einen operativen Bereich. Jeder Bereich beinhaltet drei Phasen: Der analytische Teil besteht aus den Phasen Briefing (1), Recherche (2) und Analyse (3), der strategische Bereich aus den Phasen Zielgruppen und Ziele (4), der Positionierung (5) sowie den Botschaften und der kreativen Leitidee (6). Der operative Teil umfasst die Maßnahmenplanung (7), die Erfolgskontrolle (8) sowie die Präsentation und Dokumentation (9).

Ähnlich Bruhn (2019a): Er unterteilt den idealtypischen Planungsprozess der Kommunikationspolitik in die Situationsanalyse, die Festlegung der Kommunikationsziele, die Zielgruppenplanung sowie die Festlegung der Kommunikationsstrategie (S. 41 f.). Anschließend erfolgt die Kalkulation des Kommunikationsbudgets, der Einsatz der Kommunikationsinstrumente, die konkrete Maßnahmenplanung sowie die Erfolgskontrolle (ebd., S. 41 f.). Zu den Elementen einer Kommunikationsstrategie zählt Bruhn (2019a, S. 219 ff.) das Kommunikationsobjekt (Wer), die Zielgruppen (Wem), die Botschaft (Was), die Maßnahmen (Wie), das Areal (Wo) und das Timing (Wann).

Die Kernelemente eines Kommunikationskonzepts lassen sich mit der Frage ‚Wer sagt was, wie, zu wem, wann und wo?' auf den Punkt bringen. Die Elemente erinnern stark an die berühmten 5Ws der Lasswell-Formel aus den 1940er Jahren: „Who says what in which channel to whom with what effect?"

Das Essential stellt die einzelnen Phasen eines Kommunikationskonzeptes mit dem Ziel dar, eigenständige Konzepte in zehn Schritten zu realisieren:

1. Briefing
2. Recherche
3. Analyse

© Der/die Autor(en), exklusiv lizenziert an Springer Fachmedien Wiesbaden GmbH, ein Teil von Springer Nature 2022
C. Blank, *Das Kommunikationskonzept*, essentials,
https://doi.org/10.1007/978-3-658-39386-1_1

Nicht alle Phasen werden vom Umfang her gleichbehandelt. Einige Phasen werden ausführlicher, andere komprimierter beschrieben. Das ist zum einen auf die limitierte Zeichenanzahl der Springer Essentials zurückzuführen, zum anderen auf die individuelle Schwerpunktsetzung.

Marketing und Kommunikation 2

Begriffe in der Marketingwelt sind nicht nur in der Bevölkerung recht diffus. Die meisten Menschen kennen nicht die Unterschiede zwischen Marketing-agentur, Kommunikationsagentur und Werbeagentur. Von ‚Spezialeinheiten‘ wie PR-Agentur, Eventagentur oder Designagentur ganz zu schweigen. Auch in der Branche Tätige können die Unterschiede oft nicht plausibel erklären, da in der Praxis viele Leistungen vermischt und interdisziplinär angeboten werden. Auch Studierende, die sich in ihrem Studium mit Marketing beschäftigen, kommen bei der Frage, was Marketing eigentlich genau bedeutet, oftmals ins Wanken. Nachfolgend soll der Versuch unternommen werden, ein wenig Licht ins Dunkle zu bringen.

Grundlegende Begriffe werden mit dem Ziel erläutert, ein allgemeines Verständnis für die Themen Marketing und Kommunikation zu bekommen. Denn: Marketing ist nicht gleich Werbung. Und Werbung ist nicht gleich Kommunikation. Und auch die Public Relations sind nicht mit Pressearbeit gleichzusetzen.

2.1 Begriffsverständnis

Nach Walsh, Deseniss und Kilian (2020, S. 5 f.) hat Marketing für die erfolgreiche Unternehmensführung einen hohen Stellenwert und ist der zentrale Erfolgsfaktor. Für sie ist Marketing ein unternehmerisches Führungskonzept, das dafür zu sorgen hat, „dass der gesamte Prozess der strategischen Unternehmens-planung und -steuerung ‚vom Markt her gedacht‘ wird" (ebd., S. 9). Auch nach Schmidbauer und Knödler-Bunte (2004) wird Marketing überwiegend „als stra-tegisches Führungsinstrument aufgefasst, das sämtliche Unternehmensprozesse beeinflusst" (S. 140). Marketing stellt somit „ein Leitkonzept der Unternehmens-führung dar, das sich auf das gesamte unternehmerische Denken und Handeln

© Der/die Autor(en), exklusiv lizenziert an Springer Fachmedien Wiesbaden GmbH, ein Teil von Springer Nature 2022
C. Blank, *Das Kommunikationskonzept*, essentials,
https://doi.org/10.1007/978-3-658-39386-1_2

auswirkt" (Wirtz, 2013, S. 14). Marketing kann demnach als **marktorientierte Unternehmensführung** verstanden werden (Kreutzer, 2021a, S. 658).

▶ **Marketing** „Marketing kennzeichnet das Konzept der marktorientierten Unternehmensführung und umfasst die Planung, Organisation, Durchführung und Kontrolle aller marktorientierten Aktivitäten" (Kreutzer, 2021a, S. 658).

Um auf den Markt entsprechend einwirken zu können, bedarf es gezielter Instrumente. In Wissenschaft und Praxis haben sich zur Systematisierung die vier **Marketinginstrumente** nach McCarthy (1960) etabliert (Bruhn, 2019b, S. 29): **Product, Price, Promotion** und **Place** – auch als **4Ps** bekannt. Bruhn (2019b, S. 29 ff.) hat die einzelnen Marketinginstrumente überblicksartig dargestellt:

• Zu den Instrumenten der Produktpolitik **(Product)** zählt Bruhn alle „Entscheidungen der Gestaltung des Leistungsprogramms" (ebd., S. 29) wie Produktvariationen, -innovationen, -limitierungen, Markierungen, Namensgebung, Serviceleistungen, Verpackung, etc.
• Zu den Instrumenten der Preis- und Konditionenpolitik **(Price)** zählt er u. a. Preise und Rabatte sowie die Liefer- und Zahlungsbedingungen.
• Die Kommunikationspolitik **(Promotion)** „umfasst sämtliche Maßnahmen, die der Kommunikation zwischen Unternehmen und ihren aktuellen und potenziellen Kunden, Mitarbeitenden und Bezugsgruppen dienen" (ebd., S. 30). Zu den Kommunikationsinstrumenten der Kommunikationspolitik zählt er u. a. Mediawerbung, Verkaufsförderung, Public Relations, Direct Marketing, Sponsoring, Messen und Ausstellungen sowie das Event Marketing.
• Zur Vertriebs- bzw. Distributionspolitik **(Place)** zählt Bruhn alle „Maßnahmen, die erforderlich sind, damit der Kunde die angebotenen Leistungen beziehen kann" (ebd., S. 30). Dazu zählen Vertriebssysteme, Verkaufsorgane und Logistiksysteme. (ebd., S. 29 ff.)

Kuß und Kleinaltenkamp (2020) zitieren die zentralen Aufgaben der vier Marketinginstrumente nach van Waterschoot und van den Bulte (1992) wie folgt:

• „**Produktpolitik:** Entwicklung eines Angebots, das für mögliche Austauschpartner Wert hat;
• **Kommunikationspolitik:** Das Angebot bei den möglichen Austauschpartnern bekannt machen und entsprechende Einstellungen und Präferenzen beeinflussen;

- **Vertriebspolitik:** Das Angebot für den möglichen Austauschpartner verfügbar machen;
- **Preispolitik:** Festlegung der Gegenleistung bzw. der Opfer, die der mögliche Austauschpartner zu erbringen hat" (Kuß und Kleinaltenkamp, S. 164 unter Hinweis auf van Waterschoot und van den Bulte, S. 89).

Bühler et al. (2019, S. 2) bringen es auf den Punkt: Marketing hat die Aufgabe, die richtigen Produkte (Product), zum richtigen Preis (Price), mit den richtigen Maßnahmen (Promotion), auf dem richtigen Markt (Place) zu platzieren.

⧫ **Literaturhinweise zur Vertiefung** Zur Entwicklung und zum Konzept des Marketings siehe ausführlich Meffert, H., Burmann, C., Kirchgeorg, M. & Eisenbeiß, M. (2019). *Marketing. Grundlagen marktorientierter Unternehmensführung. Konzepte – Instrumente – Praxisbeispiele.* 13. Auflage. Wiesbaden: Springer Gabler. S. 3–30.

Während der Marketingbegriff noch recht klar beschrieben werden kann, ist der Kommunikationsbegriff kaum einheitlich zu definieren. Das hat schon Merten (1977) deutlich gemacht: 160 verschiedene Definitionen in zwölf wissenschaftlichen Disziplinen.

Bruhn (2019a, S. 3) betrachtet den Kommunikationsbegriff in Anlehnung an Meffert et al. (2019, S. 633) aus der **Marketingperspektive.** Für ihn ist Kommunikation „die Übermittlung von Informationen und Bedeutungsinhalten zum Zweck der Steuerung von Meinungen, Einstellungen, Erwartungen und Verhaltensweisen bestimmter Adressaten gemäß spezifischer Zielsetzungen" (ebd., S. 3). Er unterscheidet drei unterschiedliche Erscheinungsformen der Kommunikation von Unternehmen (ebd., S. 3): externe Kommunikation, interne Kommunikation und interaktive Kommunikation.

Da für dieses Essential lediglich der Kommunikationsbegriff aus der Marketingperspektive relevant ist, wird auf weitere Begriffsdefinitionen anderer Disziplinen verzichtet.

2.2 Entwicklungsphasen der Kommunikation

Um einen ersten Überblick über den Stellenwert der Kommunikationspolitik im Marketing zu bekommen, werden die „Entwicklungsphasen der Kommunikation" seit den 1950er Jahren nach Bruhn (2019a, S. 15 ff.) komprimiert zitiert. Der

Fokus liegt dabei auf der zentralen „Aufgabe der Kommunikationspolitik" sowie
der „Bedeutung der Kommunikation im Marketingmix":

- **1950er Jahre – Unsystematische Kommunikation:** Das erste Jahrzehnt der
  Nachkriegszeit ist „in Deutschland durch einen Verkäufermarkt geprägt" (ebd.,
  S. 15). Die Bedeutung der Kommunikation im Marketingmix ist gering.
  Zentrale Aufgaben der Kommunikationspolitik sind die Information und die
  Erinnerung an historische Marken.
- **1960er Jahre – Produktkommunikation:** Hauptaufgabe der Kommunikati-
  onspolitik der 1960er Jahre ist die Verkaufsunterstützung. Verkaufsfördernde
  Aktivitäten gewinnen an Bedeutung, meist in Form der klassischen Mediawerbung, der Verkaufsförderung und der persönlichen Kommunikation. Die
  Kommunikation dient als „Ergänzung zu Produkt- und Verkaufspolitik" (ebd.,
  S. 18).
- **1970er Jahre – Zielgruppenkommunikation:** In den 1970er Jahren wächst
  die Bedeutung der Kommunikationspolitik im Marketingmix und steht gleich-
  berechtigt neben der Produkt-, Preis- und Vertriebspolitik. Ihre zentrale
  Aufgabe ist die „Vermittlung eines zielgruppenspezifischen Kundennutzens"
  (ebd., S. 18).
- **1980er Jahre – Wettbewerbskommunikation:** In vielen Branchen hat sich
  der Verkäufermarkt inzwischen in einen Käufermarkt gewandelt. Mitbewerber
  bieten Produkte und Leistungen an, die sich für den Konsumenten kaum voneinander unterscheiden lassen. Kernaufgabe der Kommunikationspolitik ist die
  Profilierung gegenüber dem Wettbewerb. Die Vermittlung einer Unique Selling
  Proposition (USP) steht im Fokus der Kommunikation. Imagewerbung, Public
  Relations und Sponsoring verdrängen die klassische Mediawerbung.
- **1990er Jahre – Kommunikationswettbewerb:** Die Kommunikationspolitik
  dient in erster Linie der Abgrenzung zum Wettbewerb und der Vermittlung
  eines einheitlichen Unternehmensbildes. Die 1990er Jahre sind die Geburts-
  stunde der integrativen, ganzheitlichen Kommunikation. Der Aufbau einer
  Unique Communication Proposition (UCP) ist die Aufgabe der Stunde.
- **2000er Jahre – Dialogkommunikation:** Die 2000er Jahre sind durch die
  Abkehr der Massenkommunikation gekennzeichnet. Neue Medien erweitern das Spektrum an Kommunikationsmöglichkeiten. Primäre Aufgaben
  der Kommunikationspolitik sind der Aufbau und die Verstärkung der Ziel-
  gruppenbeziehungen. Dialogorientierte Kommunikationsinstrumente kommen
  überwiegend zum Einsatz. Die Kommunikation wird „zentrales Element im
  Beziehungsmarketing" (ebd., S. 18).

- **2010er Jahre – Netzwerkkommunikation:** Angetrieben durch die neuen Medien verändern sich tradierte Kaufgewohnheiten. Der klassische Kaufentscheidungsprozess und die mit ihm verbundenen Customer Touchpoints (CTPs) verändern sich ebenso wie das Kommunikations- und Informationsverhalten der Konsumenten. Online-, Mobile-, und Social-Media-Kommunikation sind die Schlagwörter der 2010er Jahre. Die Schaffung und die Verstärkung von Kommunikationsbeziehungen in Online-Netzwerken wird zur Kernaufgabe der Kommunikationspolitik. (Bruhn, 2019a, S. 15 ff.)

> **Literaturhinweise zur Vertiefung** Zu den unterschiedlichen Entwicklungsphasen der Kommunikation siehe ausführlich Bruhn, M. (2019a). *Kommunikationspolitik. Systematischer Einsatz der Kommunikation für Unternehmen.* 9. Auflage. München: Vahlen. S. 15–20.

2.3 Kommunikationsstrategien

Bevor mit der Formulierung von konkreten Zielen begonnen wird, sollte zunächst grob überlegt werden, was mit dem Konzept erreicht werden soll. Soll ein Image verbessert oder eine neue Zielgruppe erschlossen werden? Will man sich von Mitbewerbern abgrenzen oder ein neues Produkt bekannt machen? Oder möchte man die Beziehungen zu Bestandskunden pflegen? Abhängig von der Zielsetzung können unterschiedliche Strategien verfolgt werden. Bruhn (2019a, S. 223) unterscheidet sieben „Typen von Kommunikationsstrategien", die er anhand von Ziel und Gestaltung wie folgt beschreibt:

- Die **Bekanntmachungsstrategie** hat u. a. das Ziel, die Bekanntheit von Unternehmen, Marken, Produkten oder Leistungen zu steigern. Die Gestaltung ist aufmerksamkeitsstark und kann emotional oder informativ sein.
- Die **Informationsstrategie** verfolgt das Ziel, das Tiefenwissen über das Kommunikationsobjekt zu steigern und durch konkrete Eigenschaften oder Leistungen zu überzeugen. Die Gestaltung ist rational und informativ. Der Fokus sollte auf der Benutzung plausibler Argumente liegen.
- Ziel der **Konkurrenzabgrenzungsstrategie** ist es, sich gegenüber Mitbewerbern zu profilieren und sich zur Konkurrenz abzugrenzen. Oftmals auch als vergleichende Werbung erkenntlich mit Hervorhebung konkurrenzunterscheidender Eigenschaften z. B. hinsichtlich bestimmter Nutzendimensionen.

- Die **Zielgruppenerschließungsstrategie** hat das Ziel, neue Zielgruppen zu erschließen oder bestehende Zielgruppen auszuschöpfen. Inhaltlich liegt der Fokus auf der Hervorhebung konkreter Nutzendimensionen der jeweiligen Zielgruppe.
- Ziel der **Beziehungspflegestrategie** ist die Schaffung von Vertrauen und das Erreichen von Kundenbindung. Oftmals persönlich in der Gestaltung und dialogorientiert in der Ansprache soll das Vertrauen gestärkt und die Beziehung zu Bestandskunden gepflegt werden.
- Die **Imageprofilierungsstrategie** vermittelt bestimmte Nutzendimensionen und hat das Ziel, durch ein konsistentes und unverwechselbares Unternehmens-, Marken-, Produkt- oder Leistungsimage positive Einstellungen zu erzeugen. In der Regel ist die Gestaltung emotional mit Hervorhebung der anvisierten Imagedimensionen.
- Ziel der **Kontaktanbahnungsstrategie** ist die Zielgruppengewinnung für die eigenen Tätigkeiten. Inhaltlich steht die „Dokumentation von Kompetenz außerhalb des eigenen Unternehmensbereichs" sowie die „Vermittlung von Glaubwürdigkeit" (ebd., S. 223) im Fokus. (ebd., S. 223)

▶ **Literaturhinweise zur Vertiefung** Zu den verschiedenen Typen von Kommunikationsstrategien sowie zu den Besonderheiten der Strategieentwicklung für verschiedene Kommunikationsinstrumente siehe ausführlich Bruhn, M. (2019a). Kommunikationspolitik. Systematischer Einsatz der Kommunikation für Unternehmen. 9. Auflage. München: Vahlen. S. 222–237.

Briefing und Recherche

Für Schmidbauer und Knödler-Bunte (2004, S. 35) beginnt jedes Konzept mit einem Briefing. Das Briefing beschreibt die Aufgabenstellung und ist Grundlage der Zusammenarbeit (ebd., S. 45). Es enthält sämtliche Informationen vonseiten des Auftraggebers (intern/extern), die für die Erstellung eines Konzepts von Bedeutung sind (ebd., S. 44). Nach Esch (2021a) enthält ein Briefing sämtliche Informationen über den Markt, die Konkurrenz, das eigene Unternehmen, das Produkt, die Leistung, etc. und ist eine „Zusammenfassung der sachlichen Aufgabenstellung mit 1) Problemstellung, 2) Situationsdarstellung, 3) Zielsetzung, 4) Strategie, 5) Zeit- und Kostenplan und 6) Kontrolle."

≫ **Briefing** Nach Schmidbauer und Knödler-Bunte (2004, S. 44) kommt der Begriff Briefing aus dem US-Militärjargon, bezeichnete die Lagebesprechung und wurde von Reeves und Ogilvy in den 1920er Jahren in der Kommunikations- und Werbebranche eingeführt.

Schmidbauer und Knödler-Bunte (2004, S. 49 ff.) haben sich intensiv mit der Frage befasst, welche Informationen in einem Briefing abzufragen sind. Ihr Ergebnis ist eine Check- bzw. Frageliste, die folgende Inhalte umfasst (ebd., S. 49 ff.):

- **Informationen zum Unternehmen:** Größe, Umsatz, Standort, Mitarbeitende, Produkte, Leistungen, Unternehmensleitbild, Historie, etc.
- **Informationen zum Markt, zur Branche und zum Umfeld:** Größe, Struktur und Marktanteile, Marktsituation, Marktpotential, Marktposition, Standortsituation, Beziehungen zu politischen und gesellschaftlichen Entscheidern, Mitgliedschaften, Gegenöffentlichkeit und Kritik, Restriktionen, etc.

© Der/die Autor(en), exklusiv lizenziert an Springer Fachmedien Wiesbaden GmbH, ein Teil von Springer Nature 2022
C. Blank, *Das Kommunikationskonzept*, essentials,
https://doi.org/10.1007/978-3-658-39386-1_3

- **Informationen über die Konkurrenz:** Anzahl, Größe, Marktanteile, Stärken, Schwächen, Positionierung, Kommunikation, etc.
- **Informationen über das Kommunikationsobjekt:** Grundnutzen, Zusatznutzen, Stärken, Schwächen, Marktanteile, Historie, Positionierung, USP, Kommunikation, Qualität, Design, Verpackung, Preis, Service, Distributionswege, POS, etc.
- **Informationen über die Ziele:** Unternehmensziele, Marketingziele, Kommunikationsziele
- **Informationen über die relevanten Zielgruppen:** Kernzielgruppe, ergänzende Zielgruppe, Typologien, Personas, Verhalten, Meinungen, Einstellungen, Erreichbarkeit, Mediennutzung, etc.
- **Informationen über bisherige Kommunikationsmaßnahmen:** Konzepte, Maßnahmen, Erfolgskontrolle, etc.
- **Informationen über die Kommunikationsaufgabe:** Definition und Hintergrund, Umfang, Restriktionen, strategische und gestalterische Vorgaben, etc.
- **Informationen über die Rahmenbedingungen:** Budget- und Zeitrahmen, Fristen, etc.
- **Informationen über die Rahmenbedingungen für externe Auftragnehmer (z. B. Agenturen):** Honorar, Verantwortlichkeiten, Ansprechpartner, Entscheider, Konzeptumfang, Anforderungen an die Kalkulation, Art und Umfang der Dokumentation und Präsentation, etc. (ebd., S. 49 ff.)

▷ **Literatur zur Vertiefung** Zur den Inhalten eines Briefings siehe ausführlich Schmidbauer, K. & Knödler-Bunte, E. (2004). *Das Kommunikationskonzept. Konzepte entwickeln und präsentieren.* Potsdam: University Press UMC Potsdam. S. 49–51.

Nach dem Briefing folgt die Recherche. Grundsätzlich gilt: Je umfangreicher und aussagekräftiger das Briefing, desto geringer die Recherche. Für Schmidbauer und Knödler-Bunte (2004) ist die Recherche „die systematische und umfassende Sammlung von Informationen aller Art mit der Zielsetzung, die problemrelevanten Zusammenhänge zu erkennen und zu verstehen" (S. 61). Abhängig von der Qualität des Briefings hat die Recherche die Aufgaben, die „vorhandenen Lücken des Briefing zu schließen" (ebd., S. 62.) sowie „die Innensicht des Unternehmens durch die Außensicht des Marktes zu relativieren" (ebd., S. 62 f.).

▶ **Literatur zur Vertiefung** Zur den verschiedenen Phasen, Arten und Inhalten der Recherche siehe ausführlich Schmidbauer, K. & Knödler-Bunte, E. (2004). *Das Kommunikationskonzept. Konzepte entwickeln und präsentieren.* Potsdam: University Press UMC Potsdam. S. 61–85.

Analyse 4

Eine gründliche Analyse ist Voraussetzung für ein gelingendes Kommunikations-konzept. Sie steht nach Briefing und Recherche am Anfang eines jeden Prozesses und schließt den analytischen Bereich. In Theorie und Praxis sind eine Vielzahl an Analysemethoden vorhanden (PEST(EL)- oder STEP Analyse, Stärken-Schwächen-Analyse, etc.). Bei der Entwicklung von Kommunikationskonzepten hat sich allerdings die **SWOT-Analyse** als das Nonplusultra behauptet. Das Akro-nym SWOT steht für Strengths, Weaknesses, Opportunities und Threats. Sie identifiziert die unternehmensinternen, durch das Unternehmen beeinflussbaren Stärken (Strengths) und Schwächen (Weaknesses) sowie die unternehmensexter-nen, nicht beeinflussbaren Chancen (Opportunities) und Risiken (Threats). Im Fokus stehen dabei **kommunikationsrelevante Sachverhalte.**

▶ Situationsanalyse „Eine **Situationsanalyse** umfasst die Bestandsaufnahme kommunikationsrelevanter Sachverhalte mit dem Ziel, kommunikationspolitische Chancen und Risiken sowie Stärken und Schwächen offen zu legen" (Bruhn, 2019a, S. 116).

Nach der Identifikation von Stärken, Schwächen, Chancen und Risiken wer-den diese „in einem SWOT-Abgleich aggregiert, um daraus Strategieoptionen zu gewinnen" (Wirtz, 2013, S. 126). Beim Abgleich von Stärken und Chancen (SO-Strategie) sowie Stärken und Risiken (ST-Strategie) geht es somit um die Fragen: Gibt es Stärken, die als Chance genutzt werden können und gibt es Stärken, die Risiken eindämmen können (ebd., S. 134)? Beim Abgleich von Schwächen und Chancen (WO-Strategie) sowie Schwächen und Risiken (WT-Strategie) geht es hingegen um die Fragen: Welche Schwächen können Chancen behindern und welche Schwächen können zum Risiko werden (ebd., S. 134)?

© Der/die Autor(en), exklusiv lizenziert an Springer Fachmedien Wiesbaden 13
GmbH, ein Teil von Springer Nature 2022
C. Blank, *Das Kommunikationskonzept*, essentials,
https://doi.org/10.1007/978-3-658-39386-1_4

▶ **Literatur zur Vertiefung** Zur Analyse der strategischen Unternehmenssituation siehe ausführlich Wirtz, B. W. (2013). *Multi-Channel-Marketing. Grundlagen – Instrumente – Prozesse.* 2. Auflage. Wiesbaden: Springer Gabler. S. 126–135.

▶ **Tipp** Erstellen Sie für Ihr Kommunikationsobjekt eine SWOT-Analyse. Erarbeiten Sie die internen Stärken und Schwächen sowie die externen Chancen und Risiken in einer Übersicht heraus. Fokussieren Sie dabei die kommunikationsrelevanten Sachverhalte. Führen Sie anschließend einen SWOT-Abgleich durch, um mögliche Kommunikationsinhalte ableiten zu können.

Ziele und Zielgruppen 5

Die Entwicklung von Kommunikationskonzepten erfolgt selten ohne konkretes Motiv oder Ziel vor Augen. Das kann zum Beispiel die Bekanntmachung eines neuen Produkts, die Verbesserung des Images oder ganz simpel die Steigerung von Umsatz oder Gewinn sein. Damit Ziele kontrolliert werden können, sind diese genau zu formulieren. Zudem sind Ziele immer an konkreten Zielgruppen auszurichten. Auch tragen sie zum Beispiel im Sinne der Koordinationsfunktion zur Abstimmung der am Prozess beteiligten Akteure bei oder dienen der Motivation der Mitarbeitenden. Das nachfolgende Kapitel gibt einen Überblick über Zielhierarchien, Funktionen von Zielen, Anforderungen an die Formulierung von Zielen sowie die Zielgruppenplanung.

5.1 Zielhierarchien

Jedes Unternehmen hat Ziele. Das können z. B. die Steigerung des Umsatzes, des Absatzes oder des Gewinns, die Erhöhung von Marktanteilen, die Senkung von Produktionskosten, die Steigerung der Umsatzrentabilität, die Verbesserung des Bekanntheitsgrades innerhalb einer bestimmten Zielgruppe oder die Erschießung neuer Zielgruppen für ein Produkt oder eine Leistung sein. Grob gesagt lassen sich Ziele in Unternehmensziele, Marketingziele und Kommunikationsziele unterteilen.

- Nach Schmidbauer und Knödler-Bunte (2004) werden **Unternehmensziele** „häufig in Leitbildern formuliert, die die Unternehmensvisionen (visions) und den Unternehmenszweck (mission) prägnant zusammenfassen" (S. 129). Sie sind in der Zielhierarchie auf oberster Ebene verortet. Gelbrich et al. (2018, S. 16) zählen Vision und Mission wiederum zur Unternehmensphilosophie

© Der/die Autor(en), exklusiv lizenziert an Springer Fachmedien Wiesbaden GmbH, ein Teil von Springer Nature 2022
C. Blank, *Das Kommunikationskonzept*, essentials,
https://doi.org/10.1007/978-3-658-39386-1_5

und Unternehmenskultur. Die Corporate Mission beschreibt den Status quo, die Corporate Vision blickt in die Zukunft (ebd., S. 17). Unter dem Begriff Unternehmensphilosophie verstehen Sie ein „Konzept, aus dem Kultur, Leitbild und Strategie des Unternehmens abgeleitet werden" (ebd., S. 17). Die Unternehmenskultur begreifen sie als „dem Unternehmen wichtige Werte und Überzeugungen" (ebd., S. 17).

- **Marketingziele** leiten sich nach Schmidbauer und Knödler-Bunte (2004) aus den Unternehmenszielen ab und lassen sich in drei Zielebenen unterteilen: **Ertragsziele** wie z. B. Gewinn oder Umsatzrentabilität, **Marktziele** wie z. B. Bekanntheitsgrad, Image oder Umsatz und **Leistungsziele** wie z. B. Qualität (S. 129). Marketingziele sind auf der mittleren Ebene der Zielhierarchie verortet.
- **Kommunikationsziele** stellen die unterste Ebene der Zielhierarchie dar. Während Marketingziele oftmals ökonomische Ziele verfolgen, wie z. B. die Steigerung des Umsatzes oder die Erhöhung von Marktanteilen, verfolgen Kommunikationsziele nach Bruhn (2019a) häufig psychologische Ziele, die z. B. darauf ausgerichtet sind, das Wissen über ein Unternehmen und dessen Produkte und Leistungen zu erweitern, den Bekanntheitsgrad des Unternehmens zu erhöhen oder Meinungen und Einstellungen zu einer Marke zu verändern (S. 161).

Nach Bruhn (2019a, S. 162) können psychologische Zielsetzungen kognitiv-orientiert (das Wissen betreffend), affektiv-orientiert (das Gefühl betreffend) oder konativ-orientiert (das Verhalten betreffend) sein:

- **Kognitiv-orientierte Ziele** richten sich auf die Aufnahme, Verarbeitung und Speicherung von Informationen, wie z. B. die Steigerung der Markenbekanntheit oder Kenntnis und Wissen von Angeboten eines Unternehmens.
- **Affektiv-orientierte Ziele** sind auf die Erzeugung konkreter Emotionen, wie z. B. der Aufbau oder die Veränderung von Einstellungen, Präferenzen oder Images gerichtet (z. B. Aufbau von Sympathie, Erhöhung der Kundenzufriedenheit).
- **Konativ-orientierte Ziele** richten sich u. a. an die (Kauf-)Verhaltenssteuerung der Zielgruppen, wie z. B. die Erhöhung der Kaufmenge oder die Anregung neue Produkte auszuprobieren bzw. zu erwerben (z. B. durch Gutscheine, Rabatte, etc.). (S. 162.)

Schmidtbauer und Knödler-Bunte (2004, S. 130 f.) sprechen von **Wahrnehmungszielen, Einstellungszielen** und **Verhaltenszielen.**

Eine weitere Möglichkeit Ziele zu strukturieren, ist die Orientierung an McCarthys 4 Ps (Abschn. 2.1). Gelbrich et al. (2018) unterscheiden zwischen **kommunikationspolitischen Zielen,** wie z. B. die Erhöhung des Bekanntheitsgrads oder die Verbesserung des Images, **distributionspolitischen Zielen,** wie z. B. die Steigerung des Distributionsgrads, **produktpolitischen Zielen,** wie z. B. die Steigerung des wahrgenommenen Nutzens und **preispolitischen Zielen,** wie z. B. die Erhöhung der wahrgenommenen Preisgünstigkeit (S. 18).

5.2 Funktionen von Kommunikationszielen

Auf den ersten Blick werden Ziele gesetzt, um im Nachhinein ein konkretes Handeln zu überprüfen. Neben der Funktion, Ziele zu kontrollieren, kommen Zielen auch andere Funktionen zu. Nach Bruhn (2019a, S. 157 f.) haben Kommunikationsziele fünf unterschiedliche Funktionen, die nachfolgend zitiert werden:

- **Entscheidungs- und Steuerungsfunktion:** Die Planung der Kommunikationsinstrumente ist an den Kommunikationszielen auszurichten. Die Ziele sind somit Auswahl- und Bewertungskriterien für die Kommunikationsaktivitäten.
- **Koordinationsfunktion:** Kommunikationsziele tragen zur Abstimmung zwischen den beteiligten Akteuren (intern und extern) bei.
- **Motivations- und Befriedigungsfunktion:** Die Akteure sind darüber zu informieren, wie ihre Tätigkeiten auszurichten sind und welche Ergebnisse von ihnen erwartet werden. Der Zielerreichungsgrad liefert dabei Hinweise über die Zufriedenheit der Akteure.
- **Kontrollfunktion:** Die Formulierung von Zielen dient der Kontrolle. Der Erfolg wird anhand des Zielerreichungsgrades gemessen.
- **Legitimationsfunktion:** Ziele erfüllen für die kommunikationsverantwortlichen Akteure eine Legitimationsfunktion gegenüber dem Unternehmen (Mitarbeitende, Belegschaft, Management, Geschäftsführung, etc.). Zudem können die am Prozess beteiligten Akteure kommunikationspolitische Entscheidungen besser verstehen und nachvollziehen. (ebd., S. 157 f.)

▶ **Tipp** Im Sinne der Kontrollfunktion ist es ratsam, sich schon bei der Formulierung der Ziele Gedanken zur Erfolgskontrolle zu machen. Beantworten Sie folgende Fragen: Durch welche Instrumente, Methoden, Tools, etc. kann der Erfolg gemessen werden? Wie sollen die gewonnenen Daten aufbereitet und ausgewertet werden? Nach erfolgter Datenauswertung sind die Ergebnisse zu interpretieren, um Rückschlüsse für die Zukunft zu ziehen.

5.3   Formulierung von Kommunikationszielen

Im Alltag und in der Praxis werden Kommunikationsziele häufig wie folgt formuliert: Erhöhung des Bekanntheitsgrades, Imageverbesserung oder Erschließung neuer Zielgruppen. Diese formulierten Ziele sind theoretisch zwar in Ordnung, leider lässt sich damit aber praktisch kaum arbeiten. Wie lässt sich zum Beispiel der Zielerreichungsgrad messen, wenn das ausgerufene Ziel die Verbesserung des Images ist? Im Sinne der Kontrollfunktion fehlt es hier unter anderem an der Benennung spezifischer Imagedimensionen (z. B. Zuverlässigkeit) oder um die Angabe eines Zeitfensters, indem das Ziel erreicht werden soll. Auch lässt eine derartige Formulierung keine Rückschlüsse zu, bei welchen Zielgruppen die Imageverbesserung erreicht werden soll. Voraussetzung für die verschiedenen Funktionen von Zielen ist daher eine genaue Zielformulierung.

Nach Bruhn (2019a) „liegt eine vollständige Zielformulierung dann vor, wenn zu folgenden **Zieldimensionen** klare bzw. eindeutige Aussagen gemacht werden" (S. 159 m. w. N.):

- **Art** (Was soll erreicht werden?): Steigerung des Bekanntheitsgrades …
- **Ausmaß** (Wie viel soll erreicht werden?): um 25 % …
- **Zeit** (Wann soll das Ziel erreicht werden?): innerhalb eines Jahres …
- **Objekt** (Bei welchem Objekt soll das Ziel erreicht werden?): bei dem Produkt XY …
- **Zielgruppe** (Bei wem soll das Ziel erreicht werden?): bei Frauen der Generation 50 plus. (S. 159 m. w. N.; siehe auch Gelbrich et al., 2018, S. 18)

Eine Alternative zu den fünf Zieldimensionen nach Bruhn ist die Zielformulierung anhand der SMART-Formel. Das Akronym **SMART** steht für Specific, Measurable, Attainable, Realistic/Relevant und Time-bound (zu alternativen Bedeutungen des Akronyms siehe z. B. Wikipedia, 2021, SMART). Ziele sollten demnach spezifisch, messbar, erreichbar, realistisch/relevant und terminiert sein: z. B. Steigerung des Bekanntheitsgrades um 25 % innerhalb eines Jahres bei dem Produkt XY bei Frauen der Generation 50 plus.

> **Tipp** Erstellen Sie eine Zielhierarchie für Ihr Unternehmen. Gliedern
> Sie die Ziele in Unternehmensziele, Marketingziele und Kommuni-
> kationsziele. Formulieren Sie ein Leitbild für Ihr Unternehmen und
> skizzieren Sie Ihre Marketing- und Kommunikationsziele. Unterschei-
> den Sie dabei zwischen Ertragszielen, Marktzielen und Leistungszielen
> sowie zwischen kognitiv-, affektiv- und konativ-orientierten Zielen.
> Beachten Sie die Anforderungen, die an die Formulierung von Zielen
> gestellt werden.

5.4   Zielgruppen

Grundsätzlich hat jedes Unternehmen verschiedene **Anspruchsgruppen,** die ein
Interesse am Unternehmen, den Produkten oder den Leistungen haben. Das
können unter anderem die Kunden des Unternehmens sein, die eigenen Mitarbeitenden, Lieferanten und Partner, Investoren und Eigentümer oder Journalisten und
Verbände. All diese Gruppen haben in der Regel unterschiedliche Bedürfnisse:
Kunden sind beispielsweise an Produkten und Leistungen interessiert, Investoren und Eigentümer wollen eine Dividende erhalten, Partner haben ein Interesse
an Ideen oder Kontakten, Journalisten suchen die Story oder Informationen aus
erster Hand.

Nach Bruhn (2019a, S. 181) können Anspruchs- und Zielgruppe identisch
sein, müssen es aber nicht. In der Regel ist die Zielgruppe eine Teilmenge der
Anspruchsgruppe (ebd., S. 181).

Nach Bühler et al. (2019) ist eine **Zielgruppe** „eine Gruppe von Personen,
die als relevant für eine Marketingmaßnahme angesehen werden" (S. 14). Die
Mitglieder dieser Gruppe haben die Gemeinsamkeit, dass sie einen konkreten
oder potenziellen Bedarf an dem Unternehmen, den Produkten oder den Leistungen haben (ebd., S. 14.). Bei der Gestaltung einer Zielgruppe „werden Personen
zu einer Gruppe zusammengefasst, die dasselbe Kernmotiv aufweisen und die
das Unternehmen durch eine bestimmte kommunikative Maßnahme ansprechen
möchte" (Bruhn, 2019a, S. 181).

Für Schmidbauer und Knödler-Bunte (2004, S. 111) sind die Haupt-
Ordnungskriterien der Zielgruppen ihre Merkmale. Dazu zählen die **soziodemo-
grafischen Merkmale** wie Geschlecht, Alter, Einkommen, Bildung, etc., **Einstel-
lungsmerkmale** wie Werte, Motive, Interessen, etc. sowie **Verhaltensmerkmale**
wie beispielsweise das Konsum- oder Kaufverhalten (ebd., S. 111).

Bei der operativen Zielgruppenplanung erfolgt nach Bruhn (2019a, S. 182 f.) zunächst die **Zielgruppenidentifikation.** Durch eine Grobsegmentierung sollte zwischen Kernzielgruppen und ergänzenden Zielgruppen unterschieden werden (ebd., S. 182). Anschließend erfolgt die Feinsegmentierung durch eine detaillierte **Zielgruppenbeschreibung** (ebd., S. 182 f.). Letzter Schritt der Zielgruppenplanung ist die Analyse der **Zielgruppenerreichbarkeit** (ebd., S. 183 f.), deren Ziel es ist, „Streuverluste zu minimieren und die Effektivität und die Effizienz der Kommunikationsmaßnahmen zu maximieren" (ebd., S. 199).

Strukturierungskriterien der Zielgruppenidentifikation

Bei der Zielgruppenidentifikation werden nach Bruhn (2019a, S. 183 f.) meist aktive Variablen, sog. Strukturierungskriterien, und bei der Zielgruppenbeschreibung passive Variablen wie Alter, Geschlecht, Einstellungen, etc. herangezogen. Zu den Strukturierungskriterien zählt er: Homogenität, Kaufverhaltensrelevanz, Verwendungsrelevanz, Kommunikationsrelevanz, Zeitliche Stabilität, Messbarkeit (Operationalität), Wirtschaftlichkeit und Erreichbarkeit bzw. Zugänglichkeit (S. 184 ff.).◄

Bei der Zielgruppenbeschreibung werden häufig **Typologien** (z. B. GfK Roper Consumer Styles, Sinus-Milieu-Konzept) eingesetzt (Bruhn, 2019a, S. 193 ff.). Eine andere Möglichkeit ist der Einsatz von Personas. Das Konzept der **Persona** stammt ursprünglich aus der Hard- und Softwareentwicklung (Mensch-Computer-Interaktion) und geht auf Cooper (1999) zurück (Schweibenz, 2004, S. 151 ff.). Für Cooper sind Personas „archetypische Benutzerfiguren, die stellvertretend für die realen Benutzer stehen" (Schweibenz, 2004, S. 152). Sie sind „fiktive Repräsentanten, die typisch für die Zielgruppen sind und einen Großteil ihrer Anforderungen, Bedürfnisse und Ziele abdecken" (ebd., S. 152). Im Marketing stellt eine Persona, auch Buyer Persona genannt, einen repräsentativen Konsumenten oder Kunden mit eigenen Bedürfnissen, Interessen, Wünschen, Fähigkeiten, Zielen, etc. dar (Tembrink, 2020, S. 59). Durch konkret ausgeprägte Eigenschaften und Verhaltensmuster geben Personas im Vergleich zur Zielgruppentypologie, Konsumenten und „Kunden ein echtes Gesicht und eine greifbare Persönlichkeit" (ebd., S. 60). Nach Tembrink (2020) zwingt das „Marketingverantwortliche, die Perspektive der Wunschkunden aus persönlicher Sicht einzunehmen und umfassend in die Lebens- und Gedankenwelt der Kunden einzutauchen" (S. 60). Tembrink (2020) hat ein Persona-Template entwickelt, das eine Persona mit folgenden Angaben beschreibt (S. 61 ff.): Name und Foto,

Angaben zur Person und Demografie, Identifikatoren, Erwartungen, Ziele und Emotionen, Herausforderungen und Einwände sowie die ideale Lösung[1].

▶   **Tipp** Um einen Überblick über die Zielgruppenerreichbarkeit zu erhalten, hat sich in der Praxis das **Affinitätenkonzept** etabliert. Der **Affinitätsgrad** beschreibt die Relation bzw. die Übereinstimmung zwischen der Nutzerschaft einer Kommunikationsmaßnahme und der Zielgruppe eines Unternehmens (Bruhn, 2019a, S. 199 f.). Beispiel: Ein Affinitätsgrad von 1 bedeutet, dass die Nutzerschaft eines Mediums (z. B. Instagram) identisch mit der Zielgruppe des Unternehmens ist. Je näher der Affinitätsgrad also an 1 herankommt, desto besser passt die Kommunikationsmaßnahme zur Zielgruppe und mindert entsprechend Streuverluste (ebd., S. 199 f.). In der Praxis kann der Affinitätsgrad auch eine **Legitimationsfunktion** einnehmen, wenn es beispielsweise darum geht, welche konkreten Maßnahmen (z. B. Instagram vs. TikTok) bei begrenztem Budget, durchgeführt werden sollen. Zudem unterstützt der Affinitätsgrad bei der Rechtfertigung für oder gegen bestimmte Kommunikationsmaßnahmen.

---

[1] Das Persona-Template von Tembrink kann unter https://www.netspirits.de/wp-content/upl oads/Persona-Template-deutsch_netspirits.pdf heruntergeladen werden. Für eine detaillierte Erklärung enthält die Vorlage auch einen Link zu einem YouTube-Video.

Positionierung

Nach Schmidbauer und Knödler-Bunte (2004) hat die Positionierung „das Ziel, die Verankerung des Kommunikationsobjekts in den Köpfen der Zielgruppe bewusst zu bestimmen" (S. 137). Ihrem Verständnis nach, basiert die Positionierung „auf Werten bzw. Wertvorstellungen, die dem Kommunikationsobjekt zugeordnet werden" (ebd., S. 137). Für sie legt die Positionierung „das anzustrebende positive Vorstellungsbild (Image) in den Köpfen der Zielgruppe fest" (ebd., S. 137) und strebt die „Übereinstimmung des Selbst- und Fremdbildes der Identität einer Person, eines Unternehmens oder Produktes" (ebd., S. 137) an. Sie ist „identitätsstiftend" (ebd., S. 137) und beantwortet die Fragen „Wer bin ich? Wie will ich gesehen werden?" (ebd., S. 137). Für Schmidbauer und Knödler-Bunte (2004) ist die Positionierung „eine strategische Definition für den internen Gebrauch. Sie wird selbst nie direkt kommuniziert" (ebd., S. 155). Gegenstand der Positionierung können „Unternehmen, Geschäftsfelder, Produkte (Produktpositionierung) oder Marken (Markenpositionierung)" (Kirchgeorg, 2018) sein.

Nach Esch (2018) ist das Ziel der Markenpositionierung, die Marke für die Zielgruppe so attraktiv zu gestalten und so von der Konkurrenz abzugrenzen, dass sie gegenüber dieser bevorzugt wird (S. 115). „Die Position einer Marke meint deren Stellung in den Köpfen der Konsumenten" (ebd., S. 116). Nach Esch (2018) geht es „um den Aufbau spezifischer und bedürfnisrelevanter Gedächtnisinhalte" (S. 116).

Schmidbauer und Knödler-Bunte (2004, S. 142.) unterscheiden u. a. zwischen einer Marketingpositionierung und einer Kommunikationspositionierung. Für sie basiert die **Marketingpositionierung** „auf der tatsächlichen Vermarktungsposition in Relation zu den Mitbewerbern. Sie ist eine faktische Positionsbestimmung, die rational formuliert und rechnerisch durch erzielbare Marktanteile untermauert wird" (ebd., S. 142). Die **Kommunikationspositionierung** basiert hingegen „auf der emotionalen Wahrnehmungsposition in den Köpfen der Zielgruppe. Sie

© Der/die Autor(en), exklusiv lizenziert an Springer Fachmedien Wiesbaden GmbH, ein Teil von Springer Nature 2022
C. Blank, *Das Kommunikationskonzept*, essentials,
https://doi.org/10.1007/978-3-658-39386-1_6

ist eine psychologische Positionsbestimmung, die lebendig formuliert und mit emotionalen Werten gekoppelt wird" (ebd., S. 142). Sie vergleichen die Marketingpositionierung mit der „tatsächlichen Temperatur" (ebd., S. 142) und die Kommunikationspositionierung mit der „gefühlten Temperatur" (ebd., S. 142). Grundlage der Positionierung sind die Erkenntnisse aus der SWOT-Analyse (Kap. 4). Die Positionierung ist im Grunde das Bindeglied zwischen den kommunikationsrelevanten Faktoren der SWOT-Analyse und den Kommunikationsinhalten (Kap. 7). Häufig beinhaltet die Positionierung Positionen der Stärke. Aber auch der SWOT-Abgleich (z. B. ST-Strategie) ist für die Kommunikation hilfreich.

Schmidbauer und Knödler-Bunte (2004) unterscheiden drei Typen der Positionierung: Die **Ist-Positionierung** beschreibt, „wo das Kommunikationsobjekt hier und heute steht" (S. 148). Die **Soll-Positionierung** legt die Zielposition fest, also welche Rolle das Kommunikationsobjekt „zukünftig in den Köpfen der Zielgruppe spielen soll" (ebd., S. 148). Die **Ideal-Positionierung** entspricht den Idealvorstellungen der relevanten Zielgruppe (ebd., S. 148).

Unterstützung bei der Entwicklung der Positionierung bieten **Positionierungsdiagramme**. Nach Kuß und Kleinaltenkamp (2020) bilden die zielgruppenrelevanten Eigenschaften die Dimensionen der Räume (S. 160). Auch Kirchgeorg (2018) definiert die Positionierung als „zielgerichtete Einordnung eines Objektes in einem mehrdimensionalen Merkmalsraum". Durch die Verortung des Kommunikationsobjekts im Raum, wird die Stellung zur Konkurrenz sichtbar. Neben der Visualisierung der eigenen Marktposition lassen sich zudem Marktlücken erkennen, die geschlossen werden können.

> ▶ **Tipp** Erarbeiten und formulieren Sie eine Marketing- und Kommunikationspositionierung sowie die Ist-, Soll- und Idealpositionierung. Erstellen Sie anhand der zielgruppenrelevanten Eigenschaften Positionierungsdiagramme.

> ▶ **Literaturhinweise zur Vertiefung** Zur Positionierung siehe ausführlich Esch, F.-R. (2018). *Strategie und Technik der Markenführung*. 9. Auflage. München: Vahlen. S. 114–131.

Kommunikationsinhalte 7

In Literatur und Praxis gibt es eine Vielzahl unterschiedlicher Ansätze, Theorien und Strategien, die Unternehmen helfen, Kommunikationsinhalte verständlich und erfolgsversprechend zu entwickeln, um diese durch die zur Verfügung stehenden Kommunikationsinstrumente an die relevanten Zielgruppen zu vermitteln. Die nachfolgenden Kapitel zeigen eine Auswahl praktikabler Möglichkeiten, sich den Themen Kommunikationsinhalte, Botschaften, etc. anzunähern.

7.1 Themen und Botschaften

Kommunikationsthemen zu entwickeln ist keine Zauberei und auch nicht nur etwas für Kreative. Die nachfolgende Herangehensweise stellt eine Möglichkeit dar, sich der Themenfindung anzunähern. Erfahrungsgemäß macht dabei Gruppenarbeit Sinn. Je größer das Team, desto besser die Ergebnisse.

Bevor es an die konkrete Ausgestaltung einzelner Botschaften geht, ist es zunächst ratsam, sich einen groben Überblick über mögliche Themen zu verschaffen. Schmidbauer und Knödler-Bunte (2004, S. 158) wählen hier unter anderem den Weg über sogenannte **Themenfelder.** Sie unterscheiden dabei zwischen vier Kategorien:

- **Direkte Kernthemen** bilden die Kernkompetenzen eines Unternehmens ab.
- **Indirekte Kernthemen** leiten sich aus den Kernkompetenzen ab.
- **Tangierende Themen** sprechen z. B. aktuelle Bedürfnisse einer Zielgruppe an oder betreffen das regionale Umfeld.
- **Partizipierende Themen** haben auf den ersten Blick keinen erkennbaren Bezug zum Unternehmen. Sie werden aus strategischen Imagegründen bewusst gewählt. (ebd., S. 158.)

C. Blank, *Das Kommunikationskonzept*, essentials, https://doi.org/10.1007/978-3-658-39386-1_7

Beispiel: Themenfelder für einen Automobilhersteller

Für einen Automobilhersteller (z. B. *BMW, Mercedes-Benz, Audi*) ist ein direktes Kernthema z. B. Mobilität. Indirekte Kernthemen sind z. B. Umwelt oder Gesundheit. Tangierende Themen können z. B. der ÖPNV oder das Carsharing sein. Zu den partizipierenden Themen zählen z. B. ein Kunst- und Kulturengagement, wie z. B. die *Daimler Art Collection.*◄

Nach der Themenfindung, sollten in einem nächsten Schritt die zentralen **Dachbotschaften** entwickelt werden. Wie bei der Positionierung zuvor (Kap. 6), lohnt auch hier der Blick in die SWOT-Analyse (Kap. 4). Nach Schmidbauer und Knödler-Bunte (2004, S. 165) sollte anschließend die Entwicklung der **Teilbotschaften** erfolgen. Ihre Aufgabe es ist, die Dachbotschaften zu spezifizieren (ebd., S. 165). Für Schmidbauer und Knödler-Bunte (2004, S. 165) haben Teilbotschaften unterschiedliche Aufgaben:

* **Erweiterung:** Erweitert eine Teilbotschaft die Dachbotschaft, so bringt sie „neue ergänzende Themenaspekte ins Gespräch (ebd., S. 165)."
* **Konkretisierung:** Konkretisiert die Teilbotschaft die Dachbotschaft, so präzisiert sie die Aussage.
* **Anpassung:** Mithilfe von Teilbotschaften lassen sich Dachbotschaften formal und inhaltlich an die Bedürfnisse verschiedener Zielgruppen anpassen. So kann es für die Erschließung neuer Zielgruppen (Zielgruppenerschließungsstrategie) andere Teilbotschaften geben als für Bestandskunden (Beziehungspflegestrategie).
* **Fokussierung:** Zudem können Teilbotschaften Details oder spezielle Aspekte einer Dachbotschaft fokussieren. (ebd., S. 165.)

7.2   Consumer Benefit

Bei der **produkt- bzw. leistungsorientierten Kommunikation** stehen das Unternehmen, das Produkt, die Leistung im Fokus der Kommunikation. Der Ansatz eignet sich insbesondere dann, wenn es eine echte **Unique Selling Proposition (USP)** gibt. Andernfalls ist es schwierig, Kommunikationsinhalte zu erarbeiten, über die sich das Kommunikationsobjekt von der Konkurrenz unterscheidet. Wer beispielsweise einen Staubsauger oder einen Rasierapparat kaufen möchte, hat unzählige Produktalternativen zur Auswahl, die im Grunde alle das Gleiche können: staubsaugen bzw. rasieren. Bei derartigen Substitutionsgütern ist es praktisch unmöglich, ein klassisches Alleinstellungsmerkmal (USP) zu finden, das sich für die Kommunikation eignet.

Abhilfe schaffen kann die **marktorientierte Kommunikation** durch Vermittlung eines **Consumer Benefits** (Verbrauchervorteil), auch Nutzenversprechen genannt. Sie stellt nicht das Kommunikationsobjekt in den Vordergrund der Kommunikation, sondern seinen Nutzen. Die Kommunikationsinhalte gehen dabei auf die Bedürfnisse der jeweiligen Zielgruppe ein, indem eine **bedarfsorientierte Problemlösung** kommuniziert wird: Eine Tankstelle verkauft unter anderem Benzin und Motoröl, kommuniziert aber Mobilität. Ein Kosmetikkonzern verkauft unter anderem Lippenstift und Nagellack, kommuniziert aber die Hoffnung auf Schönheit („in the factory we make cosmetics; in the store we sell hope." – Charles Revson (o. D.), Co-Founder des Kosmetikkonzerns *Revlon*).

Nach Gelbrich et al. (2018) ist ein Bedürfnis ein „spezifischer Mangelzustand" (S. 37). Weichen Ist- und Soll-Zustand voneinander ab, besteht ein Mangel und somit der Bedarf, das Bedürfnis zu stillen (ebd., S. 37). Aufgabe der Kommunikation ist es, die Bedürfnisse der Kunden zu erkennen oder gar ein Bedürfnis zu wecken, um den Mangel durch die Inanspruchnahme der Produkte und Leistungen des eigenen Unternehmens zu beseitigen. Die Befriedigung eines Bedürfnisses kann auf unterschiedliche Weise erfolgen. So kann beispielsweise das Grundbedürfnis nach Nahrung durch ein Lebensmittel gestillt werden. Neben diesen physiologischen Bedürfnissen gibt es unter anderem aber auch soziale Bedürfnisse wie zum Beispiel die Zugehörigkeit zu einer Gruppe (Vgl. Bedürfnispyramide nach Maslow). Bei der Vermittlung des Consumer Benefits steht somit nicht zwangsläufig ein Produkt- oder Leistungsnutzen, im Sinne des Grundnutzen, im Vordergrund der Kommunikation.

Nach Wikipedia (2021) kann beim Consumer Benefit zwischen Grundnutzen und Zusatznutzen eines Produktes beziehungsweise einer Leistung differenziert werden. Bei Substitutionsgütern liegt der Kommunikationsfokus in der Regel auf dem Zusatznutzen. Dieser kann nach Wikipedia unter anderem wie folgt unterschieden werden:

- Der **rationale Leistungsnutzen** stellt die Leistungsfähigkeit des Kommunikationsobjekts hervor.
- Durch die Kommunikation eines **sozialen Trendnutzens** kann beim Verbraucher der Wunsch der Zugehörigkeit zu einer bestimmten Gruppe geweckt werden.

- Der **sensorische Geltungsnutzen** spricht die Profilierungs- und Prestigebedürfnisse einer Zielgruppe an.

Auch Schmidbauer und Knödler-Bunte (2004) legen bei der Entwicklung der Botschaften unter anderem den Consumer Benefit zugrunde und setzen die Formulierungen „aus drei Argumentationsbausteinen variabel zusammen:" **Kern, Begründung** und **Nutzenversprechen** (ebd., S. 163 f.).

Beispiel: Argumentationsbausteine

„Das Bürgerbüro liegt günstig ..." (Kern) „... weil es nur wenige Meter bis zu Bus und Straßenbahn sind ..." (Begründung) „... und damit das Büro auch für Bürger ohne Auto problemlos zu erreichen ist." (Nutzenversprechen) (Schmidtbauer & Knödler-Bunte, 2004, S. 164).◄

Zur **Identifikation von Bedürfnissen** eignet sich nach Gelbrich et al. (2018) die **Means-End-Analyse** (S. 39). Auf Basis der Laddering-Technik wird durch wiederholte Warum-Fragen versucht, sogenannte Means-End-Ketten zu bilden (ebd. S. 39). Durch diese Befragungsmethode nach dem Leiter-Prinzip geben die Befragten „zu erkennen, welche Produktmerkmale welche Bedürfnisse befriedigen und welches Nutzenversprechen (bzw. UAP) geeignet ist, für das Produkt zu werben" (ebd., S. 39). Nach Tembrink (2020) können auf diese Weise zum Beispiel die „aufgedeckten Nutzenkomponenten für die Interessenten mit in die Angebotsdarstellung aufgenommen werden. So können Angebote neu kombiniert und auf die Motive, Werte und Bedürfnisse der Nutzer zugeschnitten werden" (ebd., S. 71).

Beispiel: Means-End-Analyse

Auf was legen Sie bei einer Billigfluggesellschaft Wert? – Auf moderne Flugzeuge. – Warum sind Ihnen moderne Flugzeuge wichtig? – Weil mir der Stand der Technik wichtig ist. – Warum ist Ihnen der Stand der Technik wichtig? – Weil ich Sicherheitsbedenken bei einem Billigflieger habe. – Warum haben Sie Sicherheitsbedenken? – etc.◄

7.3 Golden Circle

Ein weiteres Modell, das Unternehmen bei der Erstellung von Kommunikations-inhalten und Botschaften unterstützt, ist der Golden Circle von Sinek (2009). Das Modell unterscheidet drei Inhalte der Kommunikation. Das „What", das „How" und das „Why". Das Modell stellt einen Kreis dar, in dessen Mitte das „Why" steht. Am äußeren Rand steht das „What" und dazwischen das „How".

Nach Sinek (2009) stellen die meisten Unternehmen das „What" und das „How" bei der Kommunikation in den Vordergrund: „We say what we do, we say how we're different or how we're better". Erfolgreiche Kommunikation stellt nach Sinek hingegen das „Why" in den Kommunikationsfokus: „People don't buy what you do, they buy why you do it. The goal is not to do business with everybody who needs what you have. The goal is to do business with people who believe what you believe".

Sineks Modell ist nicht psychologisch, sondern biologisch orientiert. Sein Auf-bau korreliert mit dem menschlichen Gehirn. Der äußere Kreis, das „What", symbolisiert den Neocortex, den äußeren Teil des Gehirns. Dieser ist nach Sinek für das rationale, analytische Denken und die Sprache verantwortlich. Die beiden inneren Kreise des Modells, das „How" und das „Why", stehen für Sinek für die inneren Teile des Gehirns, das limbische System. Dieses dient der Verarbeitung von Gefühlen (z. B. Vertrauen, Loyalität), der Steuerung des menschlichen Ver-haltes und der Entscheidungsfindung. Es bildet somit die Gefühlsebene ab und ist für ein konkretes Verhalten zuständig.

Unternehmen sollten daher nach Sinek (2009) in ihrer Kommunikation nicht den Fokus auf das „Was" legen, sondern auf das „Warum". Denn nur so kann der Teil des Gehirns direkt angesprochen werden, der für das Verhalten und somit für die Kaufentscheidung zuständig ist.

7.4 Strategien der Beeinflussung

Strategien der Konsumentenbeeinflussung sind in Theorie und Praxis zahl-reich vorhanden. Nachfolgend wird eine Auswahl dargestellt, die in der Praxis unkompliziert angewendet werden und einen strategischen Denkrahmen geben kann.

Rossiter und Percy (1997, S. 212 ff. zitiert nach Kuß & Kleinaltenkamp, 2020, S. 227 ff.) unterscheiden in ihrem Modell zur Entwicklung von Werbestrate-gien zwei Dimensionen. Diese beziehen sich bei verschiedenen Leistungen und Produkten auf

- „die **Art von Kaufmotiven** und
- die **Art von Kaufentscheidungen**" (ebd. S. 227).

Bei den Kaufmotiven differenzieren sie zwischen negativen und positiven Motiven (ebd., S. 227). Motive **„negativer Herkunft"** sind für sie:

- „Vermeidung eines Problems (z. B. Übergewicht verhindern),
- Beseitigung eines Problems (z. B. Kopfschmerzen loswerden),
- Unzufriedenheit mit dem bisherigen Produkt,
- Ersatzbedarf (z. B. Vorrat aufgebraucht)" (ebd., S. 228.).

Motive **„positiver Herkunft"** sind für sie:

- „Sinnliche Belohnung (z. B. „Taste it"),
- intellektuelle Stimulierung (z. B. *DIE ZEIT:* „Der Kampf gegen die Dummheit hat gerade erst begonnen"),
- soziale Anerkennung (z. B. „Für die wenigen, die mehr verlangen")" (ebd., S. 228).

Bei Kaufmotiven negativer Herkunft geht es somit um ein ‚weg von', also um die **Reduktion negativer Ist-Zustände** (z. B. Übelkeit loswerden). Bei Kaufmotiven positiver Herkunft geht es hingegen um ein ‚hin zu'. Also um die **Induktion positiver Soll-Zustände** (z. B. Taste the Feeling – Kampagne von *Coca-Cola*).

Nach Rossiter und Percy (1997, S. 212 ff. zitiert nach Kuß & Kleinaltenkamp, 2020, S. 228) sind Kampagnen mit negativen Kaufmotiven oftmals **informierende Werbung**. „Bei positiven Kaufmotiven kommt in erster Linie **transformierende Werbung** zum Einsatz" (ebd., S. 228).

Die zweite Dimension, neben der Art von Kaufmotiven, ist Art der Kaufentscheidung (ebd., S. 228). Dabei differenzieren Rossiter und Percy zwischen „Low- und High-Involvement-Entscheidungen" (ebd., 228). „High-Involvement-Kaufentscheidungen sind für den Käufer wichtig und deshalb mit Informationssuche und sorgfältigem Abwägen vor der Kaufentscheidung verbunden. Dagegen sind Low-Involvement-Entscheidungen so unwichtig, dass Produkte einfach ausprobiert werden, ohne dass man sich vor dem Kauf viele Gedanken macht" (ebd., S. 228).

▶ **Literaturhinweise zur Vertiefung** Strategieempfehlungen für informierende und transformierende Werbung bei Low- und High-Involvement siehe Rossiter und Percy (1997, S. 224 ff.) zitiert in Kuß & Kleinaltenkamp (2020). *Marketing-Einführung. Grundlagen – Überblick – Beispiele.* 8. Auflage. Wiesbaden: Springer Gabler. S. 229.

Weitere Ansätze, um Konsumenten zu beeinflussen sind nach Gelbrich et al. (2018, S. 202 f.) die Strategien der Reziprozität, der Knappheit, der Autorität, der Konsistenz, der sozialen Validierung sowie der Vertrautheit und Sympathie:

* Sollen die Zielgruppen zu einem Geschäft auf Wechselseitigkeit (**Reziprozität),** getreu dem Motto „Gleiches mit Gleichem vergelten", veranlasst werden, sind Gutscheine und Rabatte das Mittel der Wahl. Sie sollen bei den Beschenkten den Impuls auslösen, sich durch einen Kauf oder eine Empfehlung, etc. erkenntlich zu zeigen.
* Die Strategie der **Knappheit** (z. B. ‚Solange der Vorrat reicht', ‚Nur noch wenige Angebote verfügbar') basiert auf der Annahme, dass durch eine quantitative oder zeitliche Begrenzung oder eine exklusive Verfügbarkeit, Produkte oder Leistungen für die Konsumenten wertvoller erscheinen.
* Ein weiterer Ansatz der Beeinflussung ist die Strategie, Experten als Mittler einzusetzen (**Autorität).** Aufgrund einer fachlichen Expertise beeinflussen die Aussagen eines Experten oder Professionals die Zielgruppen stärker als andere (z. B. Dermatologe empfiehlt eine Anti-Aging-Creme).
* Die widerspruchsfreie Kommunikation ist die Basis der sog. Fuß-in-der-Tür-Strategie. Dabei wird eine Aussage getätigt, die alle bejahen können, z. B. „Der Strompreis ist zu hoch" (**Konsistenz).** Durch diese Äußerung gelingt es dem Sender, den Empfänger auf seine Seite zu ziehen. Anschließend erfolgt die Problemlösung in Form der Botschaft (z. B. Gelb. Gut. Günstig. *Yellow* Strom).
* Menschen fällt es oftmals leichter, Wünschen von Personen nachzukommen, die sie kennen und mögen oder Empfehlungen von Personen zu vertrauen, die glaubwürdig und authentisch sind. Influencer Marketing, Advocacy Marketing oder die Werbung mit Testimonials (z. B. George Clooney und *Nespresso,* Heidi Klum und *Katjes*) zählen zum weiten Repertoire des Empfehlungsmarketings. Sie alle nutzen die **Vertrautheit und Sympathie** sowie die Authentizität und Glaubwürdigkeit der Fürsprecher.
* Die Strategie der **sozialen Validierung** nutzt soziale Vergleiche als Kaufargumente. Über Bestseller-Hinweise oder Empfehlungen wie „Kunden, die diesen Artikel gekauft haben, kauften auch…" geben Unternehmen Menschen eine Orientierung. (S. 202 f.)

7.5 Markensteuerrad

Ein weiterer Ansatz, der bei der Entwicklung von Kommunikationsinhalten helfen kann, ist das Markensteuerrad von Icon Added Value in der Weiterentwicklung von Esch (2018, S. 97 ff.). Das Markensteuerrad unterscheidet zwischen einer harten (Hard Facts) und einer weichen (Soft Facts) Seite der Markenidentität (ebd., S. 97). Auf der einen Seite stehen die Hard Facts: die zentralen **Markenattribute** und der **Markennutzen,** auf der anderen Seite die Soft Facts: die **Markentonalität** und das **Markenbild** (ebd., S. 98).

- Bei den **Markenattributen** geht es konkret um die Frage „Über welche Eigenschaften verfüge ich?" (ebd., S. 98 f.).
- Beim **Markennutzen** geht es hingegen um den sachlich-funktionalen Nutzen sowie um den psychosozialen Nutzen bzw. um die Frage „Was biete ich an?" (ebd. S. 98 f.).

Die Trennung zwischen den Eigenschaften und dem Nutzen spielt für Esch (2018) „eine wichtige Rolle bei der rationalen Kundenbeeinflussung, da Kunden keine Eigenschaften, sondern einen Produktnutzen kaufen, dieser allerdings durch entsprechende Eigenschaften begründbar sein muss" (S. 99).

- Bei der **Markentonalität** geht es um die Frage „Wie bin ich?" (ebd., S. 101). Hier sind die Emotionen zu erfassen, die durch das Kommunikationsobjekt ausgelöst werden sollen (ebd., S. 101). Nach Esch (2018) bieten sich folgende Zugangsmöglichkeiten an: Persönlichkeitsmerkmale, Beziehungsmerkmale und Erlebnisse (ebd., S. 98, 101).
- Die Markentonalität wird wiederum durch das **Markenbild** erlebbar (ebd., S. 98). Es befasst sich mit der Frage „Wie trete ich auf?" (ebd., S. 101). Hier spielen die Kommunikation, das Corporate Design, die Website, die Gestaltung von Verpackung, Gebäude und Verkaufsraum, etc. eine tragende Rolle (ebd., S. 98, 101).

Diese vier Bereiche, die sich um die **Markenkompetenz** (Kern des Markensteuerrads) anordnen, sind für die „Konkretisierung der Kompetenz" zuständig (ebd., 103). Erst durch sie wird die Markenkompetenz erlebbar (ebd., S. 103). Zudem erfasst die Markenkompetenz zentrale Charakteristika wie Historie, Herkunft, Rolle im Markt, etc. (ebd., S. 102 f.). Konkret geht es bei der Markenkompetenz um die Frage „Wer bin ich?" (ebd., S. 98, 102).

> ▷ **Literaturhinweise zur Vertiefung** Zum Markensteuerrad als Identi-
> tätsansatz siehe ausführlich Esch (2018). *Strategie und Technik der*
> *Markenführung*. 9. Auflage. München: Vahlen. S. 97–112.

7.6 Die Macht der Bilder

Die **Imagery-Forschung** ist ein Bereich der Konsumentenforschung und „be-
schäftigt sich mit den internen Prozessen der nicht-verbalen, gedanklichen
Entstehung, Verarbeitung und Speicherung von inneren Bildern" (Wirtschaftsle-
xikon24, 2021a, m. w. N.). Sie basiert sowohl auf „der psychologisch orientierten
Theorie der dualen Codierung und der biologisch orientierten Hemisphärentheo-
rie" (ebd.). Eine Erkenntnis der Imagery-Forschung ist, „dass die durch Bilder
vermittelten Informationen besser behalten und erinnert werden (Bildüberlegen-
heitswirkung)" (Esch, 2021b) als verbale Informationen. Wichtige Informationen
sollten daher in Bild und Text dargestellt werden (Wirtschaftslexikon24, 2021a,
m. w. N.).

Bilder ziehen die Aufmerksamkeit auf sich „und lösen stärkere Emotionen
aus als andere Gestaltungsformen" (Gelbrich et al., 2018, S. 205). Sie werden
ganzheitlich verstanden und überwiegend automatisch verarbeitet (Wirtschaftsle-
xikon24, 2021a, m. w. N.).

Auch in der Darstellung numerischer Informationen findet die Imagery-
Forschung Anwendung. Durch den Einsatz von Grafiken, Tabellen, Balken-,
Kurven- und Kreisdiagrammen werden Zahlen schneller erfasst und gespeichert
als durch die rein sprachliche Informationsvermittlung (Wirtschaftslexikon24,
2021a, m. w. N.).

Auch die klassische Mediawerbung nutzt in Form des **Key Visuals** (zentrales Bildmotiv) die Erkenntnis, dass Bildinformationen besser im Gedächtnis
verankert werden als Textinformationen (Gelbrich et al., 2018, S. 205). So symbolisiert das *Beck's* Segelschiff Freiheit und Abenteuer oder die Semperoper in
der *Radeberger* Werbung Kultur und Hochwertigkeit (ebd., S. 205 f.).

Insbesondere in Zeiten der Informationsüberflutung **(Information Overload)**
und der damit einhergehenden Reizüberflutung der Konsumenten wird die Bild-
kommunikation wichtiger denn je. Bereits 1987 hat das Institut für Konsum-
und Verhaltensforschung eine Informationsüberflutung für Deutschland von 98 %
berechnet (Brünne et al., 1987 zitiert nach Esch, 2018, S. 30). Esch (2018)
kommt somit zu dem Schluss: „98 % der dargebotenen Informationen landen

ungenutzt auf dem Müll!" (S. 30). Seiner Ansicht nach muss Kommunikation daher „aufmerksamkeitsstärker, plakativer und bildhafter werden" (ebd., S. 30).

▶ **Information Overload** Kirchgeorg (2021) definiert Information Overload als „Überlastung der Personen, die an Kommunikationsprozessen teilnehmen, mit z. T. irrelevanten Informationen. Die Folge ist eine Reizüberflutung und eine abnehmende Wahrnehmung." Die Informationsüberlastung führt schließlich „zu einer Beeinträchtigung der Informationsverarbeitung der Konsumenten" (Wirtschaftslexikon24, 2021b, m. w. N.).

7.7 Verständlichkeitskonzepte

Ein tradiertes und praxistaugliches Modell, Kommunikationsinhalte verständlich und erfolgsversprechend an die relevanten Zielgruppen zu vermitteln ist das **Hamburger Verständlichkeitskonzept**. Es wurde in den 1970er Jahren von Langer, Schulz von Thun & Tausch entwickelt. Das Modell strukturiert vier „Merkmale der Verständlichkeit" (Langer et al., 2019, S. 21 ff.):

- **Einfachheit:** Die Einfachheit von Kommunikationsinhalten bzw. Texten, „bezieht sich auf die Wortwahl und den Satzbau" (S. 22). Das Augenmerk liegt auf der sprachlichen Formulierung (S. 22). Zu den Eigenschaften des Merkmals zählen die „einfache Darstellung", „geläufige Wörter" und „kurze, einfache Sätze", etc. (S. 22).
- **Gliederung/Ordnung:** Das Merkmal zielt auf die innere, inhaltliche Ordnung und die äußere, optische Gliederung ab (S. 24). Gliederung, Übersichtlichkeit und Folgerichtigkeit, sowie der rote Faden, etc. sind Eigenschaften des Merkmals (S. 24).
- **Kürze/Prägnanz:** Kürze versus Länge, Knappheit versus Ausführlichkeit, Wesentliches versus Unwesentliches, etc. sind Kennzeichen die hinsichtlich Inhalt und Ausdruck der Kommunikationsinhalte zu prüfen sind (S. 26).
- **Anregende Zusätze:** Durch Verständlichkeitshilfen und Anreize sollten Inhalte „interessant", „abwechslungsreich" und „anregend", etc. gestaltet werden, um zum „Mitdenken" und Mitmachen zu animieren (S. 27).

Eine Erweiterung des Hamburger Verständlichkeitskonzepts ist das **PELIKAN-Modell** von Brunn (2019). Das Akronym PELIKAN steht dabei für Prägnant, Einfach, Logisch, Interessant, Korrekt und Angemessen. Es greift die vier Felder der Verständlichkeit auf und ergänzt sie um die beiden Kategorien ‚Korrekt' und ‚Angemessen'. Die Rubrik ‚Korrekt' bezieht sich dabei auf die inhaltliche, politische und formale Korrektheit der Kommunikationsinhalte. Der Bereich ‚Angemessen' geht in dem Modell auf die fünf Angemessenheitsfaktoren (Absender, Empfänger, Inhalt, Form/Funktion, Situation) von Bock (2018, S. 15 ff.) zurück.

> **Tipp** Analysieren Sie eine Werbeanzeige, eine Pressemitteilung oder den Inhalt einen E-Newsletters, etc. anhand der vier Merkmale des Hamburger Verständlichkeitskonzepts oder des PELIKAN-Modells. Vergeben Sie für jedes Merkmal Punkte und überlegen Sie sich Optimierungsansätze.

> **Tipp und Vertiefungsliteratur** Sowohl das Hamburger Verständlichkeitskonzept als auch das PELIKAN-Modell lassen sich in der Praxis als Analysemodelle nutzen. Wer also der Kollegin oder dem Kollegen ein objektives Feedback auf die erstellte Pressemitteilung, etc. geben möchte, kann für jedes Merkmal in einem Beurteilungsfenster Punkte vergeben oder Plus- und Minus-Zeichen verwenden. Dadurch lässt sich die Verständlichkeit objektiv beurteilen und bietet zugleich Optimierungsansätze. Zur Beurteilung der Verständlichkeit durch Beurteilungsfenster sowie Vorher-Nachher-Beispiele siehe ausführlich Langer et al., (2019). *Sich verständlich ausdrücken*. 11. Auflage. München: Ernst Reinhardt.

Kommunikationsmaßnahmen 8

Nachdem Analyse und Strategieerstellung erfolgt sind, gilt es im operativen Teil des Kommunikationskonzepts konkrete Kommunikationsmaßnahmen zu planen und zu entwickeln. Aufgrund unzähliger Kommunikationsmöglichkeiten zwischen Unternehmen und seinen Anspruchsgruppen werden in diesem Teil des Essentials nicht einzelne Kommunikationsmaßnahmen detailliert dargestellt, vielmehr soll ein geordneter Überblick des Möglichkeitsraums entstehen. Zudem werden grundlegende Begrifflichkeiten geklärt, Kommunikationsmaßnahmen strukturiert und Modelle wie beispielsweise der Kaufentscheidungsprozess, die Customer Journey oder das PE(S)O-Modell vorgestellt. Ziel des Kapitels ist es, eine Ordnung in die unterschiedlichen Maßnahmen zu bringen, um Unternehmen eine Orientierung für die operative Planung zu geben. Vertiefende Literaturhinweise zu ausgewählten Maßnahmen runden das Kapitel ab.

8.1 Strukturierung von Kommunikationsmaßnahmen

Unternehmen verfügen über eine breite, fast unüberschaubare Anzahl an Kommunikationsmöglichkeiten. Daher ist es notwendig, die Möglichkeiten zu strukturieren. Zudem ist es ratsam, Begrifflichkeiten zu definieren, damit alle am Prozess beteiligten Akteure, intern wie extern, ein einheitliches Verständnis haben.

Für Bruhn (2019a) sind **Kommunikationsmaßnahmen** „sämtliche Aktivitäten, die von einem kommunikationstreibenden Unternehmen bewusst zur Erreichung kommunikativer Zielsetzungen eingesetzt werden" (S. 6). Das kann die Anzeigenschaltung in einem Magazin sein, das Verkaufsgespräch auf einer Messe oder etwa ein Posting bei Instagram oder der Versand eines E-Newsletters (ebd., S. 6).

Die einzelnen Maßnahmen lassen sich nach Bruhn (2019a, S. 6, in Anlehnung an Steffenhagen, 2008, S. 131 f.) in verschiedene **Kommunikationsinstrumente** subsumieren: Sie „sind das Ergebnis einer gedanklichen Bündelung von Kommunikationsmaßnahmen nach ihrer Ähnlichkeit" (S. 6). Schmidbauer und Knödler-Bunte (2004) beschreiben die Kommunikationsinstrumente als die „großen Bereiche der Kommunikation" (S. 179). Zu ihnen zählen zum Beispiel Public Relations, Mediawerbung, Verkaufsförderung, Direct Marketing, Sponsoring, Messen und Ausstellungen (ebd., S. 179; Bruhn, 2019a, S. 328). Bruhn (2019a, S. 329 f.) strukturiert die verschiedenen Instrumente wiederum in vier Kategorien:

- Instrumente der **Unternehmenskommunikation** (z. B. Public Relations) „dienen primär der Unternehmensdarstellung" (S. 329) und sollen das institutionelle Erscheinungsbild prägen. Zu den zentralen Kommunikationszielen zählen zum Beispiel die Unternehmensbekanntheit und das Unternehmensimage.
- Instrumente der **Marketingkommunikation** dienen in erster Linie der „Unterstützung des Verkaufs von Produkten und Dienstleistungen" (S. 329). Dabei werden sowohl ökonomische als auch psychologische Ziele verfolgt. Zu ihnen zählen zum Beispiel die klassische Mediawerbung (z. B. Printwerbung, Fernsehwerbung), die Verkaufsförderung und das Event Marketing.
- Zu den Instrumenten der **Dialogkommunikation** zählen beispielsweise das Direct Marketing, die persönliche Kommunikation sowie Messen und Ausstellungen. Sie „sind durch einen zunehmenden Anteil der zweiseitigen Kommunikation mit einzelnen Individuen gekennzeichnet" (S. 329) und dienen primär „dem Aufbau und der Intensivierung des Dialogs" (S. 329).
- Instrumente der **Netzwerkkommunikation** (z. B. Social-Media-Kommunikation) „sind durch mehrseitige Interaktionsprozesse charakterisiert" (S. 329) und verfolgen das Ziel, langfristige, dialogorientierte Beziehungen zu verschiedenen Zielgruppen in Netz-Communities aufzubauen und zu pflegen. (S. 329 f.)

8.2   Kaufentscheidungsprozess

Abgesehen von Spontankäufen neigen Menschen in der Regel dazu, sich vor einem Kauf, mehr oder weniger intensiv, mit dem Unternehmen und seinen Marken, Produkten oder Leistungen auseinanderzusetzen. Diesen Prozess modelliert der Kaufentscheidungsprozess. In der Literatur gibt es diverse Modelle, die den Kaufentscheidungsprozess als eine Abfolge von Phasen darstellen. Das nachfolgend dargestellte Modell geht auf Kotler et al. zurück (eine Übersicht verschiedener Phasenmodelle der Kaufentscheidung findet sich bei Liersch, 2012, S. 57.) Der idealtypische Kaufentscheidungsprozess nach Kotler et al. gliedert sich in fünf Phasen: 1) Wahrnehmung des Bedarfs, 2) Informationssuche, 3) Bewertung der Alternativen, 4) Kaufentscheidung und 5) Verhalten in der Nachkaufphase (Liersch, 2012, S. 57 m. w. N.).

Deges (2020, S. 75 f.) beschreibt den Kaufentscheidungsprozess wie folgt: Nachdem ein Konsument sich eines Bedürfnisses bewusstwird bzw. ein Problem erkennt, das es zu lösen gilt (Auslöser können zum Beispiel exogene Stimuli wie Marketing- oder Umfeldstimuli sein), begibt er sich in die Phase der Informationssuche (S. 75). Das Ausmaß der Informationssuche ist davon abhängig, welches Produkt bzw. welche Leistung gesucht wird: Bei hochpreisigen Produkten, wie zum Beispiel beim Kauf eines Autos, ist die Intensität der Recherche in der Regel ausgeprägter als beispielsweise bei Produkten des täglichen Bedarfs wie Toilettenpapier oder Taschentücher, wo die Kaufmotivation eher eine Notwendigkeit ist und der Kauf eine eher funktionale Aufgabe erfüllt (S. 75). In der Literatur wird zwischen Low Involvement (z. B. bei niedrigpreisigen Produkten) und High Involvement (z. B. bei hochpreisigen Produkten) unterschieden (S. 75). Nachdem die Informationssuche abgeschlossen ist, werden die Ergebnisse der Recherche miteinander verglichen und bewertet (S. 75). Sodann wird eine Kaufentscheidung getroffen (S. 75). Ist der Kauf getätigt, setzt der Konsument sich mit dem Produkt oder der Leistung intensiv auseinander und bewertet den Kauf (S. 75 f.). Ist er zufrieden, wird seine positive Einstellung zum Unternehmen, dem Produkt oder der Leistung verstärkt und die Wahrscheinlichkeit des Nachkaufs, der Weiterempfehlung, etc. erhöht (S. 76).

Deges (2020) gliedert die Problemerkennung, die Informationssuche und die Bewertung von Alternativen in die **Pre-Sale-Phase,** die Kaufentscheidung in die **Sale-Phase** und das Verhalten nach dem Kauf in die **After-Sale-Phase** (S. 76).

▶ **Literatur zur Vertiefung** Zu den Unterschieden zwischen der tradierten Ordnung des Kaufentscheidungsprozesses und des onlinegestützten Kaufentscheidungsprozesses siehe ausführlich Deges, F. (2020). *Grundlagen des E-Commerce. Strategien, Modelle, Instrumente.* Wiesbaden: Springer Gabler. S. 76 f., Heinemann, G. (2021). *Der neue Online-Handel. Geschäftsmodelle, Geschäftssysteme und Benchmarks im E-Commerce.* 12. Auflage. Wiesbaden: Springer Gabler. S. 71 ff. und Gehrckens, M. & Boersma, T. (2013). Zukunftsvision Retail – Hat der Handel eine Daseinsberechtigung? In: Heinemann

– S –		– O –		– R –
Exogene Stimuli		**Organismus (Black Box) des Konsumenten**		**Reaktion**
Marketingstimuli (4P)	Umfeldstimuli	Charakteristika	Kaufentscheidungsprozess	Kaufentscheidung
· Produkt	· konjunkturelle	· kulturelle	· Wahrnehmung des Bedarfs	· Wahl eines Produktes
· Preis	· technologische	· soziale	· Informationssuche	· Wahl einer Marke
· Kommunikation	· politische	· persönliche	· Bewertung von Alternativen	· Wahl eines Händlers
· Distribution	· kulturelle	· psychologische	· Kaufentscheidung	· Kaufzeitpunkt
			· Verhalten nach dem Kauf	· Kaufmenge
beobachtbar		nicht beobachtbar		beobachtbar

Abb. 8.1 SOR-Modell des Kaufverhaltens nach Olbrich et al. (2019, S. 11) in Anlehnung an Kotler & Armstrong (2018, S. 159); leicht veränderte Darstellung

et al. (Hrsg.): Digitalisierung des Handels mit ePace. Innovative E-Commerce-Geschäftsmodelle und digitale Zeitvorteile (S. 51–74). Wiesbaden: Springer Gabler.

Berührungs- bzw. Kontaktpunkte mit einem Unternehmen, auf die ein Konsument während seines Kaufentscheidungsprozesses trifft, werden **Customer Touchpoints** (Abschn. 8.5) genannt. Der Weg des Konsumenten entlang dieser Touchpoints wird als **Customer Journey** (Abschn. 8.4) bezeichnet.

8.3   Modell des Kaufverhaltens

Das **SOR-Modell** (Stimulus → Organismus → Response) ist dem Neobehaviorismus zuzuordnen und ist eine Erweiterung des behavioristischen **SR-Modells** (Stimulus → Response) (Bruhn, 2019a, S. 35; Olbrich et al., 2019, S. 11). Im Unterschied zum SR-Modell bezieht das SOR-Modell (siehe Abb. 8.1) auch die nicht beobachtbaren Prozesse ein, die zwischen Reiz und Reaktion liegen (Bruhn, 2019a, S. 35; Olbrich et al., 2019, S. 11). Der Organismus eines Konsumenten, auch als Black Box bezeichnet, umfasst nach Olbrich et al. (2019) kulturelle, soziale, persönliche und psychologische Charakteristika ebenso wie die fünf Phasen des Kaufentscheidungsprozesses (S. 11). Ihr SOR-Modell des Kaufverhaltens basiert auf dem *Model of Buyer Behavior* von Kotler und Armstrong (2018, S. 159.).

8.4 Customer Journey

Das Modell der Customer Journey nimmt nach Walsh et al. (2020, S. 55) eine Prozessperspektive ein, die das Ziel hat, die Reise eines Konsumenten entlang von fünf Phasen zu beschreiben:

- In der **Awareness-Phase** zeigt ein Konsument Interesse am Unternehmen, der Marke, den Produkten und Leistungen.
- In der **Consideration-Phase** zeigt er ein Kaufinteresse an einem bestimmten Produkt oder einer Leistung.
- In der **Purchase-Phase** hat der Konsument eine Kaufabsicht und kauft das Produkt oder nimmt die Leistung in Anspruch.
- Zufriedene Kunden tätigen in der **Retention-Phase** Wiederholungskäufe, nehmen Zusatzprodukte in Anspruch und werden bestenfalls zu ‚guten‘ Kunden.
- Als Consumer Advocates empfehlen Kunden die Produkte und Leistungen des Unternehmens weiter (**Advocacy-Phase**). (ebd., S. 55.)

≫ **Advocacy Marketing** Advocacy Marketing ist ein Bereich des Empfehlungsmarketings. Nach Lammenett (2021) ist ein Advocate (Befürworter/Fürsprecher) „eine Person, die in keiner formalen Beziehung zum werbetreibenden Unternehmen steht und die auch keine Vergütung, weder in monetärer noch in sachlicher Form, vom Unternehmen erhält" (S. 133). Lammenett (2021) unterscheidet drei Typen von Advocates: **Consumer Advocates** (Kunden bzw. Fans), **Employee Advocates** (Mitarbeitende des Unternehmens) und **Social Advocates** (Personen, die sich insbesondere mit den sozialen Aspekten eines Unternehmens identifizieren) (S. 134).

8.5 Customer Touchpoints

Nachdem die Modelle des Kaufentscheidungsprozesses und der Customer Journey dargestellt worden sind, werden im Folgenden exemplarische Kontaktpunkte, sogenannte **Customer Touchpoints** (CTP), mit einem Unternehmen, einem Produkt oder einer Leistung aufgezeigt, mit denen Konsumenten während ihrer Customer Journey bzw. im Kaufentscheidungsprozess in Berührung kommen können.

In der Literatur (z. B. Deges, 2020, S. 80; Kreutzer, 2021b, S. 55, 252; Wirtz, 2013, S. 83 f.) wird zwischen beeinflussbaren unternehmenseigenen und nicht beeinflussbaren unternehmensfremden Customer Touchpoints unterschieden. **Unternehmenseigene CTP** können nach Deges (2020) und Wirtz (2013) in drei Gruppen unterteilt werden:

• **Customer Information Points** (CIP) sind Kontaktpunkte mit einem Unternehmen, einem Produkt oder einer Leistung in der Pre-Sales-Phase. Zu den CIP zählen zum Beispiel Maßnahmen der Kommunikationsinstrumente wie die Online- und Offline-Mediawerbung, die Public Relations, das Event Marketing, das Direct Marketing, Messen und Ausstellungen sowie die Verkaufsförderung.
• **Customer Points of Sale** (CPOS) sind Berührungspunkte in der Sales-Phase. Dazu zählen beispielsweise der stationäre Handel, der Onlineshop und die App sowie Kataloge und der persönliche Verkauf.
• **Customer Service Points** (CSP) sind Kontaktpunkte zwischen Konsument und Unternehmen die überwiegend in der After-Sales-Phase verortet werden. Zu den CSP zählen zum Beispiel der stationäre Handel, das Call-Center sowie der Vertriebs- und Serviceaußendienst. (Deges, 2020, S. 80; Wirtz, 2013, S. 83 f.)

Unternehmensfremde CTP sind durch das Unternehmen nur bedingt beeinflussbar. Zu ihnen zählen nach Deges (2020) und Wirtz (2013) die **Customer to Customer Reference Points** (CCRP): Sie beziehen sich auf den Austausch zwischen den Konsumenten. Zu den CCRP zählen zum Beispiel Kooperationspartner, Bewertungsportale, Foren und Chat Groups sowie die sozialen Medien. (Deges, 2020, S. 80; Wirtz, 2013, S. 84).

Die Verortung der Customer Touchpoints ist nicht immer trennscharf. So kann es Kontaktpunkte geben, die sich durch alle Phasen der Customer Journey bzw. des Kaufentscheidungsprozesses gleichermaßen durchziehen. Dazu zählen zum Beispiel die sozialen Medien. So kann beispielsweise ein erster Kontakt mit einem Produkt auf *Instagram*, zum Beispiel durch einen (Sponsored) Post des Unternehmens oder durch einen Beitrag eines Influencers, ein Customer Information Point (CIP) in der Pre-Sales-Phase sein. Anschließend wird das Produkt über die integrierte Shoppingfunktion (CPOS) bei *Instagram* per In-App-Checkout gekauft (Sales-Phase). Anschließend nimmt der Konsument in der After-Sales-Phase über die *Instagram* Chatfunktion Kontakt zu Mitarbeitenden des Unternehmens auf (CSP). Sodann bewertet er den Kauf durch einen Beitrag in seinem eigenen *Instagram* Account (CCRP) und tritt dadurch möglicherweise in Kontakt zu anderen Konsumenten.

Die Vielzahl an Berührungspunkten mit Unternehmen, Marken, Produkten oder Leistungen müssen bewusst gesteuert und kontrolliert werden. Das ist die Aufgabe des **Touchpoint Managements.**

> ≫   **Tipp** Erstellen Sie eine Übersicht möglicher Customer Touchpoints für ihr Unternehmen, ihr Produkt oder ihre Leistung. Unterscheiden Sie dabei zwischen unternehmenseigenen Customer Information Points, Customer Points of Sale und Customer Service Points sowie unternehmensfremden Customer to Customer Reference Points. Durch diese Vorgehensweise erhalten Sie einen Überblick über sämtliche Kontaktpunkte mit denen ein Konsument während seiner Customer Journey mit Ihrem Unternehmen, etc. in Berührung kommen kann. Auf diese Weise werden auch Lücken sichtbar, die Sie schließen können.

8.6   PE(S)O-Modell

Heutzutage stehen Unternehmen eine Vielzahl an Kommunikationsmöglichkeiten zur Verfügung. Um eine Übersicht des Möglichkeitsraums zu schaffen, haben sich in der Praxis sowohl das **PEO-Modell** als auch das **PESO-Modell** etabliert. Sie dienen der **Content Distribution** und strukturieren die verschiedenen Kommunikationsmöglichkeiten in drei bzw. vier nicht trennscharfe Bereiche. Die beiden Akronyme PEO und PESO stehen für: Paid Media, Earned Media, Shared Media und Owned Media.

- **Paid Media** bezeichnet die Platzierung von Kommunikationsinhalten in Medien, für die ein Unternehmen bezahlt. Dazu zählt zum Beispiel die klassische Mediawerbung, wie beispielsweise TV- und Radio-Werbung, Display-Ads, Online Banner, *Google*-Ads, Außenwerbung, Anzeigen und Sponsored Posts sowie Messen und Events, Sponsoring, etc.
- **Earned Media** bezeichnet Kommunikationsinhalte, die sich ein Unternehmen verdient bzw. für die es nicht bezahlt. Dazu zählen zum Beispiel die redaktionelle Berichterstattung in den klassischen und Online-Medien, Berichte in Themenblogs, Weiterempfehlungen, Bewertungsportale, etc.
- **Shared Media** bezeichnet Beiträge, die über die sozialen Medien, insbesondere über die sozialen Netzwerke (z. B. *Instagram, Facebook, YouTube,*

LinkedIn, Twitter, etc.), verbreitet werden. Sie sind eine Mischform aus Paid, Earned und Owned Media.

- **Owned Media** bezeichnet unternehmenseigene Medien. Das können zum Beispiel die Corporate Website, der Corporate Blog, der E-Newsletter oder der Podcast sein. Auch die eigenen Social-Media-Accounts bei *Facebook, Twitter* und *Instagram* zählen ebenso dazu wie Kundenmagazine, Kataloge, Zeitschriften, etc.

Ursprung des PESO-Modells soll das 2009 von Goodall bei *Nokia* entwickelte Owned-Bought-Earned-Modell sein (Goodall, 2009), auch bekannt als PEO-Modell (Paid, Earned, Owned). Durch die zahlreichen Möglichkeiten der Social-Media-Kommunikation ist dem tradierten PEO-Modell ein vierter Bereich hinzugekommen, die sog. Shared Media. Diese Weiterentwicklung wird in der Literatur auf Dietrich (2014) zurückgeführt (Mühlenhoff & Rudloff, 2020, S. 8; Auler & Huberty, 2019, S. 30). In der Literatur sind sowohl das PEO-Modell (Vgl. Bruhn, 2019a, S. 216; Bruhn et al., 2016, S. 6, 7, 44, 45; Walsh et al., 2020, S. 437 f.; Meffert et al., 2019, S. 652 ff.) als auch das PESO-Modell (Vgl. Mühlenhoff & Rudloff, 2020, S. 8 ff.; Auler & Huberty, 2019, S. 29 ff.) gleichermaßen präsent. Ebenso gibt es Modifikationen wie zum Beispiel das EPOMS-Modell (Vgl. Schüller, 2016, S. 180).

▷ **Tipp** Erstellen Sie eine Übersicht mit den von Ihnen genutzten Content-Distributionsmöglichkeiten. Unterscheiden Sie dabei zwischen Paid Media, Earned Media, (Shared Media) und Owned Media. So erhalten Sie einen Überblick über alle Kommunikationsmöglichkeiten mit denen Ihre Zielgruppen mit Ihrem Unternehmen, etc. in Berührung kommen können. Auf diese Weise werden auch Lücken sichtbar, die Sie schließen sollten.

8.7   Budget und Ressourcen

Bei der Entwicklung von Kommunikationskonzepten spielen auch der Etat und andere Ressourcen eine tragende Rolle. Viele Ideen, Strategien und Maßnahmen können für Unternehmen, Produkte und Leistungen zielführend und erfolgversprechend sein und sind dennoch aufgrund beschränkter Mittel wie Zeit, Personal, Budget, Know-how, etc. ungreifbar. Die Budget- und Ressourcenplanung ist somit unabdingbar. Der Möglichkeitsraum ist daher schon zwingend vor 3Beginn der

Entwicklung des Kommunikationskonzepts im Briefing (Kap. 3) grob abzuste-
cken, da das Konzept auf die Ressourcen abzustimmen ist. Das beste Konzept ist
untauglich, wenn es durch die verfügbaren Mittel nicht zu realisieren ist. Schmidbauer und Knödler-Bunte (2004) bringen es auf den Punkt: „Die Etatvorgabe ist
Grundlage jeder konzeptionellen Arbeit. Ohne diese Orientierungsgröße werden
Strategie und Maßnahmenplanung zum Blindflug" (S. 215).

> **Tipp** Neben den Kosten (intern oder extern) für die Entwicklung des
> Kommunikationskonzepts, wird ein Großteil der Ressourcen für die
> Realisierung der Kommunikationsmaßnahmen benötigt. Verschaffen
> Sie sich daher einen groben Überblick über die Kosten der einzelnen
> Kommunikationsmaßnahmen. Überlegen Sie zudem, welche Aufga-
> ben sie eigenständig ‚inhouse' übernehmen können und für welche
> Aufgaben sie externe Dienstleister benötigen. Bedenken Sie dabei,
> dass nicht jede Inanspruchnahme interner Ressourcen mit einer Kos-
> tenersparnis gleichzusetzen ist.

> **Literaturhinweise zur Vertiefung** Zur Budgetierung und zur Budge-
> tallokation in der Kommunikationspolitik siehe ausführlich Bruhn,
> M. (2019a). *Kommunikationspolitik. Systematischer Einsatz der Kom-
> munikation für Unternehmen.* 9. Auflage. München: Vahlen. S. 239–
> 324.

Dokumentation, Präsentation und Erfolgskontrolle

9

Den Abschluss der operativen Phase bilden nach dem Neun-Phasen-Konzeptionsmodell von Schmidbauer und Knödler-Bunte (2004) Erfolgskontrolle, Dokumentation und Präsentation. Ohne diese Phasen ist der Entwicklungsprozess von Kommunikationskonzepten unvollständig. Dennoch werden diese Phasen hier nachrangig behandelt und in komprimierter Form dargestellt, da der Fokus des Essentials im strategischen Bereich liegt.

Dokumentation und Präsentation
Es gibt viele Arten von Kommunikationskonzepten: Kampagnenkonzepte, Maßnahmenkonzepte, Projektkonzepte, Jahreskonzepte, etc. Diese können kurz-, mittel- oder langfristig ausgelegt sein. So unterschiedlich die Arten, so verschieden sind auch Dokumentation und Präsentation: von der persönlichen, mündlichen Präsentation mit Handout und Kurzkonzept, über eine detaillierte, schriftliche Ausarbeitung bis hin zur umfänglichen, professionell gelayouteten Dokumentation.

▷ **Tipp** Um Missverständnissen vorzubeugen, besprechen Sie im Vorfeld, in welcher Form das Konzept dokumentiert und präsentiert werden soll. Für viele Präsentationen gibt es bereits professionell gestaltete Layouts für PowerPoint, Keynote, Google Slides, etc. zum Download (z. B. creativemarket.com).

Erfolgskontrolle
Nach Schmidbauer und Knödler-Bunte (2004, S. 224) macht die Erfolgskontrolle „Chancen und Fortschritte", „Schwachstellen und Fehler" sowie Erfolge, etc. sichtbar. Sie unterscheiden zwischen Eignungskontrolle, Einsatzkontrolle und Ergebniskontrolle (ebd., S. 226 f.).

C. Blank, *Das Kommunikationskonzept*, essentials,
https://doi.org/10.1007/978-3-658-39386-1_9

Die **Eignungskontrolle** findet im Vorfeld statt, dient der Prävention und fragt „Wie fit sind wir!" (S. 226). Die **Einsatzkontrolle** läuft prozessbegleitend und fragt „Wie läuft es!" (S. 226). Ihr Ziel sind unter anderem Nachsteuerung und Feinjustierung im laufenden Prozess sowie Fehlentwicklungen frühzeitig zu erkennen, um Gegenmaßnahmen zu ergreifen (S. 227). Die **Ergebniskontrolle** erfolgt nach Beendigung der Kommunikationsmaßnahmen und fragt „Was kommt raus!" (S. 226). Ihr Ziel ist die Erfolgskontrolle der operativ getätigten Maßnahmen und überprüft die formulierten Ziele hinsichtlich ihres Zielerreichungsgrads. Wie in Abschn. 5.3 erwähnt, sollten die Kontrollmöglichkeiten der Ziele bereits in der Phase der Zielformulierung integriert sein.

> **Literaturhinweise zur Vertiefung** Zur Erfolgskontrolle in der Kommunikationspolitik siehe ausführlich Bruhn, M. (2019a). *Kommunikationspolitik. Systematischer Einsatz der Kommunikation für Unternehmen.* 9. Auflage. München: Vahlen. S. 497–538.

Zusammenfassung

Abschließend nochmals die Phasen und Inhalte eines Kommunikationskonzepts im Überblick: Kommunikationskonzepte lassen sich in zehn Schritten entwickeln. Sie beinhalten einen analytischen, einen strategischen und einen operativen Bereich. Konkret bestehen Konzepte aus (1) Briefing und (2) Recherche, der (3) Analyse, den (4) Zielen und (5) Zielgruppen, der (6) Positionierung, den (7) Kommunikationsinhalten, den (8) Kommunikationsmaßnahmen, der (9) Dokumentation und (10) Erfolgskontrolle.

Was Sie aus diesem *essential* mitnehmen können

- Sie kennen Grundlagen und Begriffe des Marketings und der Kommunikation.
- Sie können eigenständig Kommunikationskonzepte entwickeln und beurteilen.
- Sie wissen, was die relevanten Inhalte eines Briefings sind, sie können die Situationsanalyse der Kommunikationspolitik anwenden, wissen wie die Zielgruppenplanung funktioniert, welche Funktionen Ziele haben und welche Anforderungen an diese bei der Formulierung gestellt werden. Sie können eine Positionierung erarbeiten und kennen Möglichkeiten Kommunikationsinhalte verständlich und erfolgsversprechend zu entwickeln.
- Sie können Kommunikationsmaßnahmen als Touchpoints entlang der Customer Journey oder des Kaufentscheidungsprozesses strukturieren und kennen die verschiedenen Content-Distributionsmöglichkeiten.
- Sie kennen sowohl die Standardliteratur als auch die Literatur zur Wissensvertiefung, um Expertenwissen aufzubauen.

© Der/die Herausgeber bzw. der/die Autor(en), exklusiv lizenziert an Springer Fachmedien Wiesbaden GmbH, ein Teil von Springer Nature 2022
C. Blank, *Das Kommunikationskonzept*, essentials,
https://doi.org/10.1007/978-3-658-39386-1

Literatur

Auler, F., & Huberty, D. (2019). *Content Distribution. So verbreiten Sie Ihren Content effektiv in Ihren Zielgruppen.* Springer Gabler.

Bock, B. M. (2018). *„Leichte Sprache" – Kein Regelwerk. Sprachwissenschaftliche Ergebnisse und Praxisempfehlungen aus dem LeiSA-Projekt.* Bundesministerium für Arbeit und Soziales (Hrsg.), Universität Leipzig. https://ul.qucosa.de/api/qucosa%3A31959/attachment/ATT-0/. Zugegriffen: 21. Mai 2021.

Bruhn, M. (2019a). *Kommunikationspolitik. Systematischer Einsatz der Kommunikation für Unternehmen* (9. Aufl.). Vahlen.

Bruhn, M. (2019b). *Marketing. Grundlagen für Studium und Praxis* (14. Aufl.). Springer Gabler.

Bruhn, M., Esch, F.-R., & Langner, T. (2016). *Handbuch Instrumente der Kommunikation. Grundlagen – Innovative Ansätze – Praktische Umsetzungen* (2. Aufl.). Springer Gabler.

Brunn, S. (2019). *PELIKAN-Modell.* Internes Modell des Instituts für Medien, Kommunikation, Informationstechnik und Sprache (IMKIS).

Brünne, M., Esch, F.-R., & Ruge, H.-D. (1987). *Berechnung der Informationsüberlastung in der Bundesrepublik Deutschland.* Bericht des Instituts für Konsum- und Verhaltensforschung an der Universität des Saarlandes.

Bühler, P., Schlaich, P., & Sinner, D. (2019). *Medienmarketing. Branding – Werbung – Corporate Identity.* Springer Vieweg.

Cooper, A. (1999). *The Inmates Are Running the Asylum. Why High-Tech Products Drive Us Crazy and How to Restore the Sanity.* Sams Publishing (Pearson).

Deges, F. (2020). *Grundlagen des E-Commerce. Strategien, Modelle, Instrumente.* Springer Gabler.

Dietrich, G. (2014). *Spin Sucks: Communication and Reputation Management in the Digital Age.* Que Publishing.

Esch, F.-R. (2021a). Briefing. In *Gabler Wirtschaftslexikon.* https://wirtschaftslexikon.gabler.de/definition/briefing-28149/version-251786. Zugegriffen: 21. Apr. 2021a.

Esch, F.-R. (2021b). Imageryforschung. In *Gabler Wirtschaftslexikon.* https://wirtschaftslexikon.gabler.de/definition/imageryforschung-36034/version-259502. Zugegriffen: 23. Febr. 2021b.

Esch, F.-R. (2018). *Strategie und Technik der Markenführung* (9. Aufl.). Vahlen.

Gehrckens, M., & Boersma, T. (2013). Zukunftsvision Retail – Hat der Handel eine Daseinsberechtigung?. In Heinemann et al. (Hrsg.), *Digitalisierung des Handels mit ePace*

Innovative E-Commerce-Geschäftsmodelle und digitale Zeitvorteile (S. 51–74). Springer Gabler.

Gelbrich, K., Wünschmann, S., & Müller, S. (2018). *Erfolgsfaktoren des Marketing* (2. Aufl.). Vahlen.

Goodall, D. (2009). *Owned, Bought and Earned Media*. https://web.archive.org/web/201 21025044201/http://danielgoodall.com/2009/03/02/owned-bought-and-earned-media/. Zugegriffen: 26. Febr. 2021.

Heinemann, G. (2021). *Der neue Online-Handel. Geschäftsmodelle, Geschäftssysteme und Benchmarks im E-Commerce* (12. Aufl.). Springer Gabler.

Kirchgeorg, M. (2018). Positionierung. In *Gabler Wirtschaftslexikon*. https://wirtschaftsl exikon.gabler.de/definition/positionierung-44012/version-267333. Zugegriffen: 15. Juni 2021.

Kirchgeorg, M. (2021). Information Overload. In: *Gabler Wirtschaftslexikon*. https://wirtsc haftslexikon.gabler.de/definition/information-overload-41497/version-264861. Zugegriffen: 28. Apr. 2021.

Kotler, P., & Armstrong, G. (2018). *Principles of Marketing*. 17. Aufl. Pearson. http://rez akord.com/uploads/91b0c5c8c158421fa332a449c435e1b4.pdf. Zugegriffen: 18. März. 2021.

Kreutzer, R. T. (2021a). *Praxisorientiertes Online-Marketing. Konzepte – Instrumente – Checklisten* (4. Aufl.). Springer Gabler.

Kreutzer, R. T. (2021b). *Online-Marketing* (3. Aufl.). Springer Gabler.

Kuß, A., & Kleinaltenkamp, M. (2020). *Marketing-Einführung. Grundlagen – Überblick – Beispiele* (8. Aufl.). Springer Gabler.

Lammenett, E. (2021). *Praxiswissen Online-Marketing. Affiliate-, Influencer-, Content-, Social- Media-, Amazon-, Voice-, B2B-, Sprachassistenten- und E-Mail-Marketing, Google Ads, SEO* (8. Aufl.). Springer Gabler.

Langer, I., Schulz von Thun, F., & Tausch, R. (2019). *Sich verständlich ausdrücken* (11. Aufl.). Reinhardt.

Liersch, A. (2012). *Neukundengewinnung durch Dialogkommunikation*. Springer Gabler.

McCarthy, E. J. (1960). *Basic Marketing. A Managerial Approach*. Richard D. Irwin. https://babel.hathitrust.org/cgi/pt?id=inu.30000041584743&view=1up&seq=1&skin=2021. Zugegriffen: 03. Sept. 2021.

Meffert, H., Burmann, C., Kirchgeorg, M., & Eisenbeiß, M. (2019). *Marketing. Grundlagen marktorientierter Unternehmensführung. Konzepte – Instrumente – Praxisbeispiele* (13. Aufl.). Springer Gabler.

Merten, K. (1977). *Kommunikation. Eine Begriffs- und Prozeßanalyse*. Westdeutscher Verlag.

Mühlenhoff, M., & Rudloff, D. (2020). Internet als Marketinginstrument. Ein Überblick der Werbeorientierten Kommunikationspolitik im Digitalen. In H. Holland (Hrsg.), *Digitales Dialogmarketing. Grundlagen, Strategien, Instrumente*. Springer Gabler.

Olbrich, R., Schultz, C. D., & Holsing, C. (2019). *Electronic Commerce und Online-Marketing. Ein einführendes Lehr- und Übungsbuch* (2. Aufl.). Springer Gabler.

Revson, C. (o. D.). *Our Company. Our Founders*. https://www.revloninc.com/our-company/our-founders.php. Zugegriffen: 06. Juli 2021.

Rossiter, J. R., & Percy, L. (1997). *Advertising Communications and Promotion Management* (2. Aufl.). MacGraw-Hill.

Schmidbauer, K., & Knödler-Bunte, E. (2004). *Das Kommunikationskonzept. Konzepte entwickeln und präsentieren.* University Press UMC Potsdam.

Schüller, A. M. (2016). *Touch. Point. Sieg. Kommunikation in Zeiten der digitalen Transformation.* Gabal.

Schweibenz, W. (2004). Zielgruppenorientiertes Interaktionsdesign mit Personas. *Information Wissenschaft & Praxis, 55*(2), 151–156. https://www.researchgate.net/profile/Werner-Schweibenz/publication/326609895_Zielgruppenorientiertes_Informationsdesign_mit_Personas/links/5b58ca12458515c4b244c1f3/Zielgruppenorientiertes-Informations design-mit-Personas.pdf. Zugegriffen: 07. Sept. 2021.

Sinek, S. (2009). *Start With Why: How Great Leaders Inspire Action.* TEDx Talks. https://youtu.be/u4ZoJKF_VuA. Zugegriffen: 31. Jan. 2021.

Steffenhagen, H. (2008). *Marketing. Eine Einführung* (6. Aufl.). Kohlhammer.

Tembrink, C. (2020). *Verkaufspsychologie im Online-Marketing. Wie Sie Kunden magisch anziehen.* Springer Gabler.

Van Waterschoot, W., & van den Bulte, C. (1992). The 4P Classification of the Marketing Mix Revisited. *Journal of Marketing, 56*(4), 83–93.

Walsh, G., Deseniss, A., & Kilian, T. (2020). *Marketing. Eine Einführung auf der Grundlage von Case Studies* (3. Aufl.). Springer Gabler.

Wirtschaftslexikon24. (2021a). *Imagery-Forschung.* http://www.wirtschaftslexikon24.com/d/imagery-forschung/imagery-forschung.htm. Zugegriffen: 23. Febr. 2021a.

Wirtschaftslexikon24. (2021b). *Informationsüberlastung.* http://www.wirtschaftslexikon24.com/d/informationsüberlastung/informationsüberlastung.htm. Zugegriffen: 38. Apr. 2021b.

Wirtz, B. W. (2013). *Multi-Channel-Marketing. Grundlagen – Instrumente – Prozesse* (2. Aufl.). Springer Gabler.

Wikipedia

Consumer Benefit. (2021). In *Wikipedia, Die freie Enzyklopädie.* Bearbeitungsstand: 9. Juni 2021, 15:11 UTC. https://de.wikipedia.org/w/index.php?title=Consumer_Benefit&oldid=212815002. Zugegriffen: 18. Juni 2021.

Lasswell-Formel (2021). In *Wikipedia, Die freie Enzyklopädie.* Bearbeitungsstand: 27. Dezember 2021, 14:21 UTC. https://de.wikipedia.org/w/index.php?title=Lasswell-Formel&oldid=218538242. Zugegriffen: 11. Mai. 2022.

Maslowsche Bedürfnishierarchie. (2021). In *Wikipedia, Die freie Enzyklopädie.* Bearbeitungsstand: 17. Juni 2021, 08:59 UTC. https://de.wikipedia.org/w/index.php?title=Maslowsche_Bed%C3%BCrfnishierarchie&oldid=213037315. Zugegriffen: 18. Juni. 2021.

SMART. (2021). In *Wikipedia, Die freie Enzyklopädie.* Bearbeitungsstand: 3. August 2021, 11:55 UTC. https://de.wikipedia.org/w/index.php?title=SMART_(Projektmanagement)&oldid=214461291. Zugegriffen: 05. Okt. 2021.

Printed in the United States
by Baker & Taylor Publisher Services